CB134600

A PSICOGRAFIA no TRIBUNAL

A psicografia no tribunal

Direção editorial: **Flávio Machado**
Assistente editorial: **Renata Curi**
Capa e projeto gráfico: **Ricardo Brito**
Imagens da capa: **Zst, Maxim Filipchuk, Oleg Golovnev e Yuriy Panyukov / Dreamstime.com**
Produtor gráfico: **Vitor Alcalde L. Machado**
Preparação: **Maria Aiko Nishijima**
Revisão: **Renata Curi**
Fotolito da capa: **SERMOGRAF**

Dados Internacionais de Catalogação na Publicação (CIP)
(Câmara Brasileira do Livro, SP, Brasil)

Polízio, Vladimir
A psicografia no tribunal / Vladimir Polízio ; – São Paulo : Butterfly Editora, 2009.

ISBN 978-85-88477-87-2

1. Espiritismo 2. Júri 3. Justiça 4. Mediunidade 5. Obras psicografadas – Miscelânea I. Título.

09-08079 CDD: 133.9

Índice para catálogo sistemático:
1. Psicografia no tribunal : Espiritismo 133.901

Butterfly Editora Ltda.
Rua Atuaí, 383 – Sala 5
Vila Esperança/Penha
CEP 03646-000 – São Paulo – SP
Fone: (0xx11) 2684-9392
www.flyed.com.br | flyed@flyed.com.br

Impresso no Brasil, no inverno de 2009 pela:
SERMOGRAF – Artes Gráficas e Editora Ltda.

1-8-09-4.000

A PSICOGRAFIA no TRIBUNAL

Vladimir Polízio

BUTTERFLY
EDITORA

São Paulo – 2009

CONFORME NOVO ACORDO ORTOGRÁFICO

EM MEMÓRIA

Dedico este trabalho à
Denize Cristina, minha filha "Cris",
que chegou e partiu na estação das flores,
na primavera de sua vida, aos 25 anos.

AGRADECIMENTOS

Adauto Atílio Pessari;
Carlos Augusto Perandréa;
Cylleneo Pessoa Pereira;
Giovanni Salera Júnior;
José Alberto dos Santos Júnior;
José Roberto Mosca;
Lúcio de Constantino;
Luiz Carlos Marques Gonçalves;
Nubor Orlando Facure e
Paulo Oliver.

A psicografia...

OS INCRÉDULOS, enveredando pelos obscuros caminhos da maledicência, buscam ofuscar a luz que surge com o objetivo de esclarecer de vez, não só a certeza da continuidade da vida em outro plano após a morte a que estamos acostumados a ver, bem como o intercâmbio espiritual, informativo e esclarecedor que se processa com o mundo invisível, apresentando como argumentos obstáculos que fogem do campo da espiritualidade, tentando impedir esse auxílio precioso quando procedente de fonte idônea.

Não obstante o material coletado, entre fotos e manuscritos transformados em obras científicas, tem-se a impressão de que o valor atribuído aos fatos ficou propositadamente "arquivado" em algum canto sombreado desses séculos passados, desprezando-se com isso o empenho dos ilustres personagens que tiveram a coragem de acompanhar e manifestar publicamente suas opiniões firmes e seguras.

Garantem os opositores que desconhecem o assunto, que a religião não pode interferir nas decisões processuais, o que é natural e justo. Esquecem-se, no entanto, de que não é a religião quc intercede, pois ela está sob o controle humano, falho e pleno de conveniências, mas, sim, os fatores identificados como extraordinários e, portanto, de cunho científico, que nada têm a ver com religiosidade e, naturalmente, com envergadura fora dos parâmetros conhecidos, capazes de processar esse mecanismo, quer na parte relacionada com a psicografia propriamente dita, quer no campo das materializações, quaisquer que sejam elas e independentemente da vontade do homem. E esses acontecimentos são demonstrados, explicados, esclarecidos e claramente justificados pela Doutrina Espírita em todos os seus pormenores, embora ainda sejam considerados como coisas pertencentes à 'fenomenologia', mesmo neste século 21.

A Ciência, que ao mesmo tempo admite que "todo fato que não puder ser repetido não pode ser considerado como acontecimento científico", parece ignorar ou desconhecer que esses "fenômenos" aconteceram de forma abundante até há poucos anos, conforme veremos.

Contudo, é fundamental que o médium, ou seja, o aparelho receptor dessas mensagens, tenha sua personalidade constituída dos sentimentos de honradez, para merecer a credibilidade imparcial a quem se atribuem os resultados obtidos.

Não é preciso ir muito longe no tempo para conhecer a interferência constante e a estreita ligação do plano espiritual com a Terra.

Deixando de lado as citações diversas contidas no Antigo e no Novo Testamento, tanto no campo das inúmeras orientações, por meio de mensagens, avisos, sinais, etc., ou mesmo nas materializações citadas em seus textos, por se encontrarem muito distantes dos nossos dias, vamos nos ater às experimentações comprovadas em épocas mais recentes, durante os séculos 18, 19 e 20, cuja farta documentação, entre papéis, fotos e livros consigna os registros históricos para a humanidade.

Alguns exemplos já consagrados precisam ser citados, por trazerem amplas manifestações por parte dos que detinham autoridade para fazê-lo. Estudiosos, cientistas e pesquisadores, inspirados pela retidão de conduta que os envolvia, sentiram-se no dever de reconhecer que estavam errados em seus princípios e o fizeram de público, numa demonstração de coragem consciente, em face da "descoberta" com que se defrontaram.

Lamenta-se que a discussão tenha descido a níveis desfavoráveis à compreensão das coisas da vida, chegando ao ponto de abandonar fatos que, se antes estavam na fase das possibilidades, hoje são verdadeiros, concretos e não mais passíveis de discussão ou dúvida.

Serão apresentados aqui 12 casos em que informações do outro lado da vida estiveram presentes nos tribunais, quer para trazer fatos novos nos casos de crime, esclarecendo dúvidas ou contribuindo para o devido esclarecimento, quer, ainda, em casos de litígio, na área cível, quando se discutiram os direitos autorais de pessoas já falecidas que enviaram suas obras mediunicamente para serem publicadas, mostrando que, de fato, a presença do mundo dos espíritos no meio terreno não é hipótese, mas um fato verdadeiro.

Portanto, a intenção é que este acervo de informações – coletado em obras editadas e relacionadas no final do livro e fruto de pesquisas nas fontes, onde borbulham as vibrações pertinentes ao assunto – possa de forma positiva contribuir para que o leitor, isento de qualquer pré-julgamento e empregando seu pensamento raciocinado, tenha livres condições de delinear seu ponto de vista.

O autor

Sumário

1. Conceituar para compreender 19

2. Exemplos comprovados de vida além da morte 24

Emmanuel Swedenborg 25

Alexander Aksakof 25

William Crookes 26

Césare Lombroso 27

Oliver Joseph Lodge 28

Arthur Conan Doyle 29

Ernesto Bozzano 31

3. Alguns médiuns de efeitos físicos 33

Daniel Dunglas Home 34

Elisabeth D'Espérance 35

Eusápia Paladino 36

Florence Cook 38

Carlos Mirabelli 38

Francisco Peixoto Lins 40

Rudi Schneider 42
Fábio Machado 43
Otília Diogo 44

4. Fenômenos explicáveis 47

5. Pernambuco se apresenta como pioneiro 49

6. Fechar os olhos é mais fácil 52

7. As religiões contestam o fim 53

8. Propostas de alteração de texto de lei 56
Autor da 1ª proposta – dep. federal Rodovalho 57
Autor da 2ª proposta – dep. federal Costa Ferreira 60
Relator – dep. federal Neucimar Fraga 62
Voto em separado – dep. federal Marcelo Itagiba 66
Voto em separado – dep. federal Régis de Oliveira 76

9. Casos conhecidos em que a psicografia esteve presente no tribunal 83

10. A psicografia na área criminal 85
1º Caso: Henrique Emanuel Gregóris 85
2º Caso: Maurício Garcez Henrique 87
Um depoimento pessoal 95
Doutor Orimar de Bastos com Chico Xavier 96
3º Caso: Gilberto Cuencas Dias 103
4º Caso: Gleide Maria Dutra Marcondes Fernandes de Deus 107
5º Caso: Heitor Cavalcanti de Alencar Furtado 109

6º Caso: Niol Ney Furtado de Oliveira 114
7º Caso: Paulo Roberto Pires 116
8º Caso: Ercy da Silva Cardoso 121
Sessão espírita 122
Polêmica 123
O defensor 124

11. Existência dos espíritos 127

12. Um caso interessante 131

13. Acidente e não suicídio 137

14. Um pouco de Francisco Cândido Xavier 140

15. Posições e opiniões 142
Perito Carlos Augusto Perandréa 142
Promotor de justiça Eduardo Valério 147
Médium Francisco Cândido Xavier 148
Promotor de justiça Renato Marcão 148
Promotor de justiça Tiago Essado 155
Abrame – Associação Brasileira de Magistrados Espíritas 155
Juiz-auxiliar da presidência do Conselho Nacional de Justiça Alexandre Azevedo 156
Juiz federal Zalmino Zimmermann, presidente da Abrame 156
Juiz Jaime Martins Filho 156
Advogado Dalmo de Abreu Dallari 157
Professor Marcelo Neves 157

Juiz federal Walter Nunes da Silva Júnior, presidente da Ajufe 158
Advogado Ives Gandra 158
Associação Jurídico-Espírita do Estado de São Paulo – AJE/SP 159
Advogado Pedro Paulo Filho 160
Advogado Paulo Oliver 161

16. Considerações médicas espírito/mente/corpo 162
Professor doutor Nubor Orlando Facure 162
Sobre a mente e suas manifestações 164
Histeria 165
Hipnose 166
Narcolepsia 167
Membro fantasma 168
Anatomia do corpo 171
A corrente sanguínea e a energia vital 173
Respiração restauradora 175
O comportamento animal 176
Paradigma espírita 177
O espírito como agente de transformação 179
A natureza humana 179
A pressão do ambiente 180
Ideias inatas 181
Na dimensão espiritual 182

17. A psicografia na área cível – mas em litígio 186
1º Caso litigioso: Rio de Janeiro 186
2º Caso litigioso: Rio Grande do Sul 189

18. Repercussão do caso José Divino Nunes no exterior 194

19. Estado e Igreja separados 197

20. A fraternidade em ação 201

Epílogo – o Espírito, esse 'ser ou não ser' eviterno 202

Obras e trabalhos consultados 203

1. Conceituar para compreender

O ESPIRITISMO – a Doutrina Espírita ou, ainda, a Doutrina dos Espíritos – é o estudo elaborado com estrutura sólida no *Evangelho* de Jesus, e traz profundos e envolventes esclarecimentos da compreensão do Deus único, bom e justo, Todo-Poderoso, como um Pai que a tudo provê. A Doutrina devassa e detalha o entendimento de que, além da vida material, existe uma outra para qual seguem todos após a morte do corpo físico e que a vida é uma contínua e permanente evolução para a plenitude. Tem, em seu conteúdo, explicação, esclarecimento e ensino, não deixando questão nenhuma na obscuridade. Não trata, pois, de suposições, hipóteses ou opiniões pessoais. Todo o seu ensino é fruto do empenho dos espíritos.

O Espiritismo é o clareador de ideias; é a luz que afasta as trevas; é a terra cultivada que acolhe e faz germinar a semente; é a flanela que limpa e exibe a beleza ofuscada pela ignorância; é o conceito englobando a Ciência, a Filosofia e a Religião.

*

É Ciência, porque se traduz no conhecimento e no estudo que trata do mundo dos espíritos e sua relação prática e direta com o mundo físico.

Os estudos levados em conta sobre as experimentações ou manifestações, de modo geral, dos fatos considerados e tidos naturalmente como fenômenos sobrenaturais e até vistos como inexplicáveis, pois, até então, nunca estudados, são devidamente esclarecidos pelo Espiritismo. O método experimental, desde os primórdios, dos estudos pertinentes às manifestações dos espíritos, na França, foi largamente empregado a fim de expor ao mundo, com toda a seriedade e respeito, o resultado obtido com os trabalhos práticos realizados com a frequência que o interesse recomendava. Diante dos fatos novos que chegavam a todo instante de diversas partes do mundo, pois os ditos fenômenos aconteciam em vários lugares, grupos se organizavam com tais propósitos, e o resultado serve para exemplificar os conceitos doutrinários espíritas.

Os "vivos" do outro lado da vida nunca deixaram de auxiliar os "vivos" daqui. São inegáveis as afirmativas de que os espíritos exercem, de maneira direta e permanente, influência poderosa no mundo terreno e em seus habitantes. Uma observação cuidadosa nos fatos diários ocorridos no lar ou fora dele proporcionarão uma dimensão da participação espiritual muito maior do que se imagina. Tanto o Velho quanto o Novo Testamento enfocam um sem-número de fatos ocorridos com a interferência do mundo espiritual, inclusive nas questões de mediunidade, obsessão, transfiguração e materialização. O livro básico deste princípio é *O Livro dos Médiuns*.

*

É Filosofia, porque a temática aplicável aos estudos extrapola o limite terreno, pois cuida do entendimento e das consequências morais que decorrem dessa relação, não fazendo, em absoluto, suposições. Ela examina a lógica das provas religiosas e testa os métodos de investigação utilizados pela religião.

O *Novo Dicionário Aurélio* e o *Dicionário Houaiss*, ambos da língua portuguesa, apontam a filosofia como sendo "o amor à sabedoria", e é justamente isso que coloca Kardec à frente dessa pesquisa.

É o próprio codificador que faz a definição do Espiritismo, em seu livro *O Que é o Espiritismo*: "O Espiritismo é, ao mesmo tempo, uma ciência de observação e uma doutrina filosófica. Como Ciência prática, consiste nas relações que se podem estabelecer com os espíritos; como Filosofia, compreende todas as consequências morais que decorrem dessas relações".

Daí, concluímos que a farta literatura espírita traz amplo esclarecimento acerca da vida, pelos contatos mediúnicos (extrafísicos), ou seja, das informações procedentes do outro lado desta existência, em faixa vibratória que não está visível.

O Espiritismo apresenta, ainda, estudos aprofundados sobre: a pluralidade dos mundos; a pluralidade da existência física; a imortalidade do espírito; a situação do homem durante a vida terrena (Lei de Causa e Efeito); e a situação do homem depois da morte. A obra básica desses ensinamentos é *O Livro dos Espíritos*.

*

É Religião porque abraça, pratica e divulga o *Evangelho* (a Boa-Nova), sem, contudo, envolver-se com quaisquer dos formalismos exteriores do sistema de culto.

E, como religião, deve-se compreender que a linha que norteia os rumos dos ensinamentos do Espiritismo não tem outra fonte de reflexo que não o *Evangelho* de Jesus. É no divino Mestre que está espelhada a Doutrina Espírita.

Portanto, os caminhos que direcionam o homem para preparar seu futuro pela Doutrina Espírita são claros, precisos e qualquer conceituação acerca das lições do Amigo Divino estão contidas em O *Evangelho Segundo o Espiritismo*, em qual é evidenciada a participação de espíritos benfeitores, que esclarecem e exemplificam possíveis dúvidas que possam surgir, no sentido de apurar a compreensão e o entendimento das mensagens do Cristo. Nada foge ao que foi registrado pelos evangelistas.

O que muda de um *Evangelho* para outro não é o conteúdo, o qual é único, mas o apoio complementar que se faz necessário por meio dos amigos do mais além, os quais clareiam aquilo que, algumas vezes, apresenta-se obscuro.

Se, nos dicionários já citados, encontramos definições idênticas ou correlatas à palavra "religião", como: "qualquer filiação a um sistema específico de pensamento ou crença que envolve uma posição filosófica, ética, metafísica, etc."; "crença"; "fé"; "manifestação desse tipo de crença por meio de doutrina"; "crença na existência de uma força ou forças sobrenaturais como criadora do Universo"; "crença na existência suprema como causa, fim ou lei universal"; "modo de pensar ou de agir"; etc., muito embora alguns compreendam que o Espiritismo não tenha conotação religiosa, não há como dissociar essa clara e inequívoca condição. O livro básico desses ensinamentos é O *Evangelho Segundo o Espiritismo*.

"Em resumo, o Espiritismo abranda a amargura dos desgostosos; acalma os desesperos e as agitações da alma; dissipa as incertezas ou os terrores do futuro; detém o pensamento de abreviar a vida por suicídio. Por isso mesmo, torna felizes aqueles que nele penetram, e aí está o grande segredo de sua rápida propagação", Allan Kardec.

2. Exemplos comprovados de vida além da morte

DIVAGAR sobre hipóteses é uma tese teórica ou discursiva, podendo ser inverificável e de caráter insolúvel, mas, no caso presente – em que é colocada em dúvida se há vida após esta vida –, é preciso que se exponha o que já foi em outras épocas exaustivamente divulgado, escrito, fotografado e comprovado.

Pois, se não se admite o prosseguimento da existência, não há nem por que se falar em comunicação, dada a cessação da vida, de fato, com a morte física.

Os nomes a seguir, citados pela ordem de nascimento, foram extraídos da grossa relação dos que encamparam seriamente o desafio das pesquisas que resultaram nas conclusões científicas tornadas públicas em sua época e que, cremos, expõem com demonstrações seguras e claras as experiências vividas por aqueles que também temiam pela fragilidade do que lhes era falado.

Justifica-se, assim, a razão de se discorrer e elencar alguns acontecimentos durante os séculos antecedentes mais próximos, cuja literatura poderá ser explorada, se houver interesse para tanto, pois o pior cego é o que enxerga e não quer ver.

Emmanuel Swedenborg, nasceu em Estocolmo-Suíça, em 29 de janeiro de 1688 e desencarnou em 29 de março de 1772, com 84 anos. Aos 56 anos de idade, apresentou os primeiros sintomas paranormais que o levariam à condição de médium vidente e psicógrafo.

Cientista, filósofo e teólogo sueco, filho de pais não católicos, Swedenborg concentrou seus estudos na Matemática e na Astronomia e se empenhou em mostrar ao mundo a constante ligação entre o plano terreno e o espiritual, ambiente no qual desenvolveu sua faculdades mediúnicas.

Muito embora seus princípios não estejam integralmente coerentes com a Doutrina Espírita, não deixou, por isso, de apresentar sinais evidentes de que a vida prossegue após a existência física e que essas mesmas pessoas, ao passarem para o outro lado, poderiam contatar ou enviar suas mensagens para os que ficaram para trás. Sem dúvida, "foi um precursor na divulgação dos fenômenos que se constituem objeto do Espiritismo".

Alexander Aksakof – nasceu em São Petersburgo-Rússia, em 27 de maio de 1832 e desencarnou em 4 de janeiro de 1903. Conhecido pesquisador do psiquismo e redator do *Psyhische Studiem*, em seu livro "*Um caso de desmaterialização parcial*" descreve o que ocorreu em sessão mediúnica da qual participou a médium Elisabeth D'Espérance, quando seu corpo desmaterializou-se parcialmente, ou seja, parte dele dissolveu-se. É dele a frase: "Não tenho outra coisa a fazer senão afirmar publicamente o que tenho visto, entendido e ouvido". Dentre outros, é de sua autoria o livro *Animismo e Espiritismo* – publicado pela FEB – Federação Espírita Brasileira.

De fato, Aksakof, homem de ciência e de convicção firme, foi colaborador de outro cientista, William Crookes, nas pesquisas que esse inglês fazia com a médium Florence Cook, na materialização de Katie King (espírito que se identificou com esse nome desde a primeira vez em que tomou a forma física), e com o médium Daniel Dunglas Home.

William Crookes – nasceu na Inglaterra em 17 de junho de 1832 e desencarnou em 4 de abril de 1919.

Seu trabalho em prol da Ciência foi meritório, descobrindo o quarto estado da matéria, o radiante.

No setor das pesquisas dos fenômenos mediúnicos, Crookes realizou importante trabalho de laboratório com a médium Florence Cook, de apenas quinze anos de idade, nos anos de 1870 a 1873, obtendo a materialização de um espírito que dava o nome de Katie King.

A materialização desse espírito, graças à extraordinária faculdade de Florence Cook, era completa, facultando, assim, investigação profunda e ininterrupta por parte do senhor Crookes, que deu testemunho dos fatos por ele verificados durante os anos de investigação a que se sujeitou. As pesquisas se estenderam por dois anos, com estudos e investigações semanalmente programados, as quais lhe renderam o livro *Fatos espíritas*, editado em 1874.

William Crookes, membro da *Royal Society* (Academia Britânica de Ciências), por manter seu compromisso com a verdade dos fatos que presenciou, sofreu a zombaria de seus colegas, da imprensa e dos cidadãos em geral, mas, apesar das hostilidades, ele declarou, em setembro de 1898, no Congresso da Associação Britânica, após superar o risco de ter cancelada sua filiação à *Royal Society*: "Já se passaram 30 anos desde que publiquei um relatório dos experimentos tendentes a mostrar que, fora de nosso conhecimento científico, existe uma força utilizada por inteligências que diferem da comum inteligência dos mortais... Nada tenho a me retratar. Confirmo minhas declarações já publicadas. Na verdade, muito teria de acrescentar a isso" (Crookes, 1898).

E numa entrevista à revista londrina *The International Psychic Gazette*, em 1917, ele repetiu: "Nunca tive, jamais, qualquer ocasião para modificar minhas ideias a respeito. Estou perfeitamente satisfeito com o que eu disse nos primeiros dias. É absolutamente verdadeiro que uma conexão foi estabelecida entre este mundo e o outro".

Na sua obra *Fatos espíritas*, Crookes faz um relato completo de todas as experiências realizadas com o espírito materializado de Katie King, que não deixava dúvida quanto ao poder extraordinário que esse espírito possuía de assumir a forma desejada, por meio da plasticidade que lhe era própria, utilizando a mediunidade.

O célebre criminologista italiano **CÉSARE LOMBROSO**, professor de Psiquiatria e Antropologia animal, nascido em 6 de novembro de 1835 e desencarnado em 19 de outubro de 1909 foi um dos cientistas convidados para examinar os fenômenos físicos produzidos pela notável mediunidade da italiana Eusápia Paladino, como materializações, levitações de mesas e dela própria, movimentação de objetos, etc. (Ver Eusápia Paladino, p. 36).

O cientista Lombroso, diante de provas tão evidentes, confessando-se vencido, escreveu em 1891: "Sinto-me convencido e entristecido por haver combatido tantas vezes a possibilidade dos fenômenos espíritas".

Em sua especialidade, Lombroso escreveu vários livros de valor científico, sendo referência inclusive no Brasil, dedicando uma de suas obras ao Espiritismo, onde relata suas experiências não só com Eusápia Paladino, como também com outros médiuns de efeitos físicos, como a senhora Elizabeth D'Espérance e Politi: *Fenomeni Ipnotici e Spiritici.*[1]

'Sir' **Oliver Joseph Lodge** – nascido na Inglaterra em 12 de junho de 1851 e desencarnado em 22 de agosto de 1940, professor de Filosofia natural do Colégio de Bedford, catedrático de Física da Universidade de Liverpool, reitor da Universidade de Birmingham, foi também, por longos anos, presidente da Associação Britânica de Matemática e Física. Em 1902, conquistou o grau de Doutor em Ciências por sete Universidades: Oxford, Cambridge, Toronto, Victoria, Liverpool, Sheffield e Adelaide.

---

1. Editado no Brasil como *Fenômenos hipnóticos e espíritas.* FEB – Federação Espírita Brasileira.

Após as experiências realizadas com a médium Eusápia Paladino, apresentou um relatório à Sociedade de Pesquisas da Inglaterra dizendo, entre outras coisas, o seguinte: "(...) qualquer pessoa, sem invencível preconceito, que tenha tido a mesma experiência, terá chegado à mesma larga conclusão, isto é, que atualmente acontecem coisas consideradas impossíveis [...] O resultado de minha experiência é convencer-me de que certos fenômenos geralmente considerados anormais, pertencem à ordem natural e, como um corolário disso, que esses fenômenos devem ser investigados e verificados por pessoas e sociedades interessadas no conhecimento da natureza".

No livro *Por que creio na imortalidade da alma,* de Oliver Lodge, edição Calvário, à questão "É possível falar com os mortos?", título do Capítulo 6º dessa obra, Lodge responde: "Não é possível nenhuma resposta a esta questão por meio de considerações *a priori*, a menos que seja uma resposta negativa e desdenhosa, baseada em consideração muito apressada concernente à significação da pergunta. 'Se é verdade que os mortos não sabem nada', segue-se daí que eles não têm mais existência pessoal e assim não pode ser possível comunicar-se com ente que não existe, mas isso é raciocinar às escuras. O melhor método de atacar o problema é assegurar antes, pela experiência e pela observação, se a comunicação é possível, e, em seguida, estabelecido o fato, deduzir que, efetivamente, os mortos sabem muito bem alguma coisa e que eles têm existência pessoal."

Outra personalidade não menos criteriosa e respeitada foi 'Sir' **Arthur Conan Doyle**, nascido na Inglaterra, em 22 de maio de 1859 e desencarnado em 7 de julho de 1930, médico de formação, pesquisador, novelista, historiador e criador do famoso detetive Sherlock Holmes.

Após servir durante a guerra na África do Sul, Conan Doyle foi agraciado pelo governo britânico com o título de 'Sir'. Foi o iniciador dos métodos científicos de pesquisa policial aplicados por seu personagem, nas investigações a que procedia, visando ao esclarecimento dos crimes, estimulando, assim, que escolas policiais da França, do Egito e da China, dentre outras, baseassem seus trabalhos no sistema de Holmes.

Arthur Conan Doyle, como materialista confesso, dizia: "A minha educação médica nos tempos de Hyley e Haeckel conduziu-me ao agnosticismo em matéria de religião e por isso não acreditava que sobrevivêssemos à morte! Sempre encarei com simpatia todas as ideias novas, por estar convencido de que o homem morre mentalmente quando fecha o entendimento".

Porém, após assistir a algumas sessões de efeitos físicos, já não podia mais ter a mesma posição: "Enquanto considerei o Espiritismo como ilusão vulgar de ignorantes, tratei-o com desprezo. Mas, quando vi apoiado por sábios como Crookes, o maior químico inglês; por Wallace, o rival de Darwin; e por Flamarion, o mais conhecido dos astrônomos, não pude mais desprezá-lo".

Uma vez convencido da realidade, Arthur Conan Doyle manifestou-se publicamente quanto à sua mudança de entendimento. Como se cogitasse em promovê-lo a outra ordem britânica, considerada a maior distinção que um homem podia aspirar na Inglaterra, foi-lhe proposta uma condição que sua honradez e seriedade não permitiram: o repúdio ao Espiritismo.

Mostrando fidelidade aos seus princípios morais, recusou a elevada posição que receberia por aquele inaceitável preço, e em sua obra, *A nova revelação*, Arthur Conan Doyle declara manifestamente que "muitos estudiosos têm sido atraídos ao Espiritismo; uns pelo aspecto religioso e outros pelo científico".

Ernesto Bozzano – nasceu na Itália em 1861 e desencarnou em 7 de julho de 1943. Assim diz Deolindo Amorim sobre Bozzano: "Não se pode atualmente discutir a ciência espírita, sem, depois de conhecer a obra de Kardec, citar Bozzano. Seus livros são considerados clássicos em matéria espírita". Não há como negar que Bozzano tenha trazido valiosíssima contribuição à Doutrina Espírita estudando os fenômenos por meio da experimentação.

Conforme notícia estampada no famoso jornal inglês *Two Worlds*, em sua edição de maio de 1939, os espíritas britânicos ofereceram-lhe medalha de ouro, tendo em uma de suas faces uma figura simbólica segurando uma coroa de louro na mão direita, com a divisa latina *Aspera ad Astra*, e na outra face uma legenda cuja tradução é a seguinte: "Ao Grande Mestre da Ciência da Alma, Ernesto Bozzano, que abriu novos horizontes à humanidade sofredora, seus amigos e admiradores".

Polemista de vastos recursos, ele sustentou quatro veementes e importantes discussões com detratores do Espiritismo. Sua primeira obra publicada com a intenção de sustentar a tese espírita foi a *Hipótese espírita e a teoria científica*, à qual se seguiram outras não menos importantes: *Dos casos de identificação espírita*, *Dos fenômenos premonitórios* e *A primeira manifestação de voz direta na Itália*.

As seguintes obras de Bozzano foram vertidas para o português: *Animismo ou Espiritismo?*, *Pensamento e vontade*, *Os enigmas da psicometria*, *Metapsíquica humana*, *A crise da morte*, *Xenoglossia*, *Fenômenos psíquicos no momento da morte* e *Fenômenos de transporte*.

O pesquisador e cientista italiano assim inicia seu livro *A crise da morte*, editado em 1930 pela Federação Espírita Brasileira: "Nestas circunstâncias, este pesquisador está obrigado, em consciência e para o bem de todo o mundo, a ter a coragem de sua opinião, embora os tempos ainda não amadurecidos o exponham a críticas mais ou menos severas. Ora, eu me sinto com essa coragem: mudei de parecer, relativamente ao valor teórico das coleções de 'revelações transcendentais', e não hesito um só instante em declará-lo. E isso, aliás, me vejo animado pelo exemplo de alguns pesquisadores eminentes, que não hesitaram em publicar declarações análogas".

3. Alguns médiuns de efeitos físicos

Os RELATOS a seguir dão conta de que a vida não cessa com a morte e referem-se a alguns médiuns de efeitos físicos que enriqueceram o conhecimento humano por intermédio das vastas experiências a que foram submetidos, cujo registro se deu não só pela descrição pormenorizada dos fenômenos como pelas câmeras fotográficas de repórteres e pesquisadores, sempre presentes.

Mostram o mundo espiritual em sua plenitude e sua interferência participativa no plano físico da Terra, sempre com o intuito de orientar e facilitar a compreensão de suas necessidades para um melhor planejamento futuro, já que depende de cada um ajustar-se aos mecanismos da vida.

Foram provas notórias espalhadas pelo globo, que trouxeram a certeza, aos que ainda tinham dúvida, de que a vida prossegue, vibrante e bela, desse outro lado, embora invisível.

São testemunhos, evidentemente, que não podem ser relegados nem ignorados. São fatos, e contra fatos, somente outros fatos para alterá-los.

*

Daniel Dunglas Home – nasceu na Inglaterra em 23 de março de 1833 e desencarnou em 21 de junho de 1886.

De acordo com o depoimento de Arthur Conan Doyle, em seu livro *História do Espiritismo*, lançado pela Editora Pensamento, de São Paulo, Home foi "o maior médium que o mundo moderno conheceu no campo das manifestações físicas".

Home foi destacado no livro que conta a história dos 100 anos da Associação Espírita da Grã-Bretanha, e seu busto se encontra no *hall* da austera Sociedade de Pesquisas Psíquicas de Londres.

De acordo com Arthur Conan Doyle, "Home era único, pelo fato de possuir poderes em quatro tipos diferentes de mediunidade: voz direta (a manifestação dos espíritos de forma audível); psicofonia (a manifestação do espírito, de viva voz, por intermédio do médium); clarividência (a habilidade de ver em outro plano da existência); e mediunidade de efeitos físicos (mover objetos a distância, levitar, etc., o tipo de mediunidade no qual Home não tinha igual). Home suspeitava de qualquer médium que alegasse possuir faculdades que ele não possuía (tal como os irmãos Eddy, que alegavam ter a condição de produzir formas sólidas de espíritos), e chamava esses médiuns de fraudulentos. Uma vez que os médiuns de materialização sempre trabalhavam em locais escurecidos, Home exigia que todas as sessões fossem feitas à luz do dia".[2]

---

2. (Doyle, 1926: volume 1, 204-205). Home, no seu livro de 1877, *Lights and shadows of Spiritualism* (Luzes e sombras do Espiritualismo), detalhou os truques empregados por falsos médiuns.

*

Elisabeth D'Espérance – nasceu na Escócia em 13 de maio de 1849 e desencarnou em 20 de julho de 1918, aos 69 anos de idade.

Durante sua primeira infância, como ela mesma diz, foi morar numa casa antiga, na parte leste de Londres, onde, já nessa época, via e conversava com os espíritos que habitavam e circulavam no mesmo ambiente que o seu.

Esteve por mais de 30 anos em atividade mediúnica, apresentando feitos notáveis na área de materialização, além da vidência que a acompanhava desde a infância, e, quando em semitranse, mostrava elevado grau de sabedoria e conhecimento. Thomas P. Barkas descreve como preparava extensas listas de perguntas que cobriam quase todos os setores da ciência, e as respostas eram escritas rapidamente pela médium, geralmente em inglês, mas por vezes em alemão ou em latim.

A última parte da vida de D'Espérance, passada principalmente na Escandinávia, foi amargurada pela doença que adquiriu no choque que sofreu no chamado "desmascaramento", quando Yolanda – espírito de uma moça entre 15 e 16 anos, colaboradora de seus trabalhos e que se apresentava com esse nome – foi agarrada ao passar ao lado de um dos expectadores, senhor Helsingfors, que estava numa dessas reuniões de materialização em 1893. Esse desavisado assistente, não controlando a tentação de que foi apossado, avançou sobre o espírito, tentando segurá-lo com os braços. O espírito desmaterializou-se, escapando do abraço, provocando um abalo profundo na saúde da médium, motivando o seu afastamento por longo período.

Ninguém melhor do que ela demonstrou o quanto os sensitivos sofrem a ação da ignorância do mundo que os rodeia.

Em seu livro *No país das sombras*, a médium D'Espérance, declara na abertura: "(...) a esses caros amigos do Grande Além e aos que, ao meu lado na Terra, foram meus fiéis auxiliares, meus companheiros de trabalho e meus camaradas de jornada no grande trajeto da sombra para a luz, dedico este livro com o coração cheio de gratidão e afeto", com a sinceridade que lhe é própria e no seu derradeiro capítulo, encerra a obra com um sentimento vivido por ela mesma:

"A minha tarefa está agora terminada. Os que me seguirem poderão sofrer como eu sofri, por causa da ignorância das Leis Divinas. Como o mundo hoje é mais sábio do que no meu tempo, os que empreenderem a obra talvez não tenham, como eu, de lutar contra a superstição e os juízos severos dos fariseus.

Agora que afinal encontrei o que buscava durante tão longos anos, anos de estudos ingratos, misto de raios de sol e tempestades, de prazeres e sofrimentos, posso bradar bem alto e com alegria a todos os que quiserem escutar-me: Encontrei a Verdade! Ela será, também, a vossa grande recompensa, se a buscardes com perseverança, humildade e seriedade."[3]

Eusápia Paladino – conhecida publicamente por senhora Raphael Delgaiz, nasceu na Itália em 31 de janeiro de 1854 e desencarnou em 1918.

3. *No país das sombras*, Rio de Janeiro: FEB – Federação Espírita Brasileira, 1981.

Cresceu sem a presença materna, pois a mãe falecera ao dar-lhe à luz. Após o assassinato de seu pai, quando ela tinha doze anos, foi adotada como dama de companhia por família de boa condição econômica de Nápoles. Seus dons mediúnicos foram descobertos por um conhecido, senhor Damianni, notável investigador italiano de fenômenos paranormais.

Foi a primeira médium de efeitos físicos a ser submetida a experiências científicas na época, assim como Césare Lombroso, Alexander Aksakof, Charles Richet e outros mais.

Eusápia tornou-se conhecida no mundo científico em virtude de uma carta do professor Ércole Chiaia, enviada a Lombroso, relatando com detalhes as experiências já realizadas por ele com a médium, carta essa publicada no jornal *Il Fanfulla dela Domênica.*

Entre outras coisas, dizia Chiaia: "A doente é uma mulherzinha de humilde condição social, com cerca de 30 anos de idade, sem cultura, sua aparência não é fascinante nem dotada de algo que a ponha em destaque; mas, quando deseja, seja dia ou noite, pode desviar um grupo de curiosos por uma hora, promovendo fenômenos surpreendentes".

O cientista aceitou o convite, realizando com Eusápia uma série de sessões. Esses trabalhos foram acompanhados pela Comissão de Milão, integrada pelos professores Schiaparelli, diretor do Observatório de Milão; Gerosa, catedrático de Física; Ermacora, doutor em Filosofia, de Munique, e o professor Richet, da Universidade de Paris.

No relatório apresentado pela Comissão de Milão diz: "É impossível dizer o número de vezes que uma mão apareceu e foi tocada por um de nós. Basta dizer que a dúvida já não era possível. Realmente, era uma mão viva que víamos e tocávamos, enquanto, ao mesmo tempo, o busto e os braços da médium estavam visíveis e suas mãos eram seguras pelos que se achavam a seu lado".

Florence Cook – inglesa, nasceu em 1856 e desencarnou em 1904.

Desde criança, Florence via e ouvia os espíritos, mas somente aos 15 anos é que sua mediunidade foi, de fato, comprovada por meio de reuniões que passou a frequentar.

Numa delas, a médium sentada e descansando com sua mãe, sua mão começou a agitar-se escrevendo mensagem ao contrário, havendo necessidade de espelho para a sua leitura.

Foi por meio de Florence Cook que o espírito Katie King – que assim disse chamar-se – materializou-se durante alguns anos, no laboratório do pesquisador William Crookes, oferecendo ampla oportunidade ao cientista de conferir a presença de entidade de outro plano, que, além de documentar os acontecimentos, ainda tinha em sua companhia outras pessoas para constatar e testemunhar o fenômeno.

Carlos Mirabelli (Carmine ou Carmene Mirabelli) – nasceu em 2 de janeiro de 1889 na cidade de Botucatu-SP e desencarnou em 1º de maio de 1951.

Mirabelli fez o curso primário em sua cidade natal e depois foi matriculado no Colégio São Luiz, no município de Itu, em ambiente católico. Numa oportunidade escolar, dissertou, em latim, língua que ainda não conhecia, sobre tema cujo resultado não agradou aos religiosos, dos quais passou a sofrer perseguição.

Em 1913, então com 24 anos, iniciaram-se numerosos fenômenos mediúnicos por seu intermédio, e com tamanha intensidade, que se viu obrigado a deixar o serviço de cobrador de uma empresa de calçados. A força que o envolvia era tanta que o médium chegava a ficar exausto em certos momentos.

Foi considerado louco e internado no Hospício do Juquery, em São Paulo, sob a responsabilidade do doutor Franco da Rocha,[4] que emprestou seu nome ao próprio município, e do doutor Felippe Ache.

No hospital, foi submetido a todo tipo de experimentações, ficando comprovada a veracidade dos fenômenos mediúnicos que chegaram às raias do belo, do maravilhoso, triunfando sobre os testes da comissão médica, que foi obrigada a confessar que "se o senhor Mirabelli era louco, sua loucura não deixava de ser genial (...)".

Suas aptidões envolviam a materialização de espíritos, de objetos, a levitação, o transporte, a clariaudiência, a vidência entre outros fenômenos.

---

4. O Juquery é uma das maiores e mais antigas colônias psiquiátricas do Brasil. Sua construção, projetada por Ramos de Azevedo, foi inaugurada em 1898 pelo psiquiatra paulista Francisco Franco da Rocha, como Colônia Agrícola de Juquery, sendo o local escolhido pela facilidade da implantação da pecuária, que era a forma adotada na época para o tratamento dos internos e também pela sua proximidade da linha férrea conhecida como Santos-Jundiaí, a antiga S. Paulo Railways. O doutor Franco da Rocha deixou seu nome ao próprio município que hoje abriga o que resta do antigo Hospital Psiquiátrico de Juquery, que possui mais de 110 anos de história e distante apenas 25 quilômetros da capital paulista.

Foi submetido a inúmeras pesquisas, tanto na capital de São Paulo como no Rio de Janeiro e na cidade de Santos, envolvendo autoridades no campo das pesquisas.

Em reportagem no então jornal *Diário de Santos*, edição de 2/12/1917, assim concluiu a matéria: "Estes fenômenos vêm confirmar os excelentes resultados dos profundos estudos de cientistas ilustres como os senhores doutores Alberto Seabra, Horácio de Carvalho, Carlos de Castro, Capote Valente, Vital Brasil, Eurico de Góes e Felippe Ache, que já têm estudado e emitido abalizadas opiniões sobre o conhecido médium brasileiro", de conformidade com os relatos no livro *Mirabelli, um médium extraordinário,* de Lamartine Palhano Júnior.[5]

Francisco Peixoto Lins (Peixotinho) – nasceu em Paracatuba-CE em 1º de fevereiro de 1905 e desencarnou em 16 de junho de 1966. Grande médium de efeitos físicos que o Brasil conheceu, particularmente por proporcionar fenômenos de natureza luminosa, tornando as aparições como se fossem globos de luz.

Muitas reuniões com o objetivo de materializações de espíritos foram realizadas com a presença desse personagem cearense, desde 1940, com fatos e resultados surpreendentes aos participantes das sessões, em que os espaços para a imprensa eram abertos com o fim de se poder registrar o que ali se passava. Dessa maneira, os feitos realizados com a mediunidade de efeitos físicos e materialização de Peixotinho não ficavam restritos

5. Publicado pelo Departamento Editorial do Centro Espírita León Denis – CELD.

apenas ao grupo espírita. Nessas sessões, as entidades não só se materializavam integralmente, como circulavam e eram tocadas fisicamente, dando e recebendo abraços e saudações, além de desenvolver diálogos.

O delegado de polícia do Estado de São Paulo, Rafael Américo Ranieri, nascido em 2 de outubro de 1919 e desencarnado em 28 de maio de 1989, em seu livro *Materializações luminosas*, editado pela Federação Espírita do Estado de São Paulo no fim da década de 1950, relata com minúcias os acontecimentos expressivos ocorridos, inclusive ilustrando com fotos os flagrantes colhidos, além de mensagens e pinturas que eram oferecidas durante as reuniões.

Francisco Cândido Xavier, incansável medianeiro que atuou por praticamente 75 anos nessa bendita seara de amor, sempre apoiado por Emmanuel, seu mentor espiritual, teve várias participações nos encontros com Peixotinho' e Fábio Machado, outro médium de grande poder ectoplásmico. A propósito, Chico, no livro de Ranieri, descreveu e assinou no verso de várias fotografias, o que ali se passou, dando-lhes autenticidade. Uma longa esteira de situações inusitadas, com fartura de comprovação da continuidade da vida do outro lado, aconteceu nesses encontros e foram cuidadosamente registradas, fazendo parte do acervo espírita brasileiro.

Mais recentemente, precisamente em 2002, o mineiro Dante Labbate, lançou pela Editora Fonte Viva o livro *Materializações luminosas – leis cósmicas em ação*, em que também relata fatos e feitos durante outras reuniões de que participou, juntamente com os médiuns já citados, descrevendo detalhes de elevada importância.

*

Rudi Schneider – nasceu na Áustria em 27 de julho de 1908 e desencarnou repentinamente em 28 de abril de 1957, aos 49 anos de idade.

Portador de faculdades mediúnicas surpreendentes, muito enriqueceu a pesquisa psíquica e científica em seu tempo.

Foi descoberto pelo doutor Schrenck-Notzing, considerado como o avô da parapsicologia, e com ele permaneceu em pesquisa experimental até o fim de seus dias, em 1957.

Rudi conseguia materializar mãos nas reuniões que realizava com o professor Schrenck, onde o doutor Eugène Osty, que em muitas ocasiões esteve presente, demonstrava preocupação com as pesquisas dos fenômenos espíritas, abordando-os sob o aspecto puramente científico: "Impõe-se a evidência de que estamos diante de um foco dínamo-psíquico de onde emanam manifestações de ilimitado poder".

Além do estudo do médico Eugène Osty, que resultou em livro sobre as faculdades de Rudi, chamado *Les pouvoirs incomuns de l'esprit sus la matière*, de 1929, também o doutor Schrenck deixou a obra *Die Phenomene des Mediuns Rudi Schneider*, publicado em dezembro de 1932.

O doutor Schrenck convidou o escritor alemão Thomas Mann para participar de uma sessão junto do médium Rudi, cujo veredito, após os trabalhos foi o seguinte: "Depois de ter visto com meus próprios olhos, considero meu dever testemunhar que nenhum recurso humano, nenhuma possibilidade de fraude mecânica, prestidigitação ou ilusionismo podem explicar as sessões às quais assisti".

Thomas Mann lançou então o livro A *montanha mágica*, em 1924, traduzido para o português por Herbert Caro (Editora Nova Fronteira), dedicando o penúltimo capítulo denominado "Dúvidas supremas", com quinze e inesquecíveis páginas, a uma sessão espírita.

Fábio Machado – nasceu em Belo Horizonte-MG em 3 de dezembro de 1928 e desencarnou em 15 de abril de 1985. Participou ativamente de reuniões promovidas também com a finalidade de materializações e é citado no livro de Ranieri e no de Dante Labbate, de quem era cunhado.

Ambos os escritores tiveram a oportunidade de registrar com esse médium de efeitos físicos e com inúmeras outras pessoas resultados igualmente positivos – não só nas provas apresentadas como em curas processadas com a presença de espíritos materializados e os equipamentos de que se socorriam para a concretização dos resultados pretendidos.

Aos sete anos, Fábio começou a ter muitos problemas com seus colegas de escola. Na sala de aula, em razão da acentuada paranormalidade, materiais como lápis, cadernos e livros eram arremessados de onde ele estivesse e, por isso mesmo, acreditavam que a indisciplina já tomava conta do aluno Fábio. Seus pais o levaram a diversos médicos, que constataram ser ele uma criança normal. Alguns anos depois, porém, chegou a ser convidado diversas vezes a mudar-se de escola, pois, já com 14 anos, via e ouvia os espíritos com clareza e com frequência, deixando seus pais desesperados.

Francisco Cândido Xavier foi quem primeiro preparou-o para sua futura participação em reuniões de materialização, cedendo hospedagem durante alguns meses em sua casa até familiarizar-se com os contatos extrafísicos, por meio da psicografia, sendo depois encaminhado à casa do amigo Jair Soares, também médium, que aproveitou os dons de Fábio nas fecundas reuniões do Grupo Irmã Scheilla, em Belo Horizonte, onde as materializações eram frequentes.

Otília Diogo – (Otília da Costa Diogo) – nasceu em 11 de fevereiro de 1926 e desencarnou em 8 de agosto de 1988.

Na pequena cidade de Andradas, no Sul do Estado de Minas Gerais, a médium, então casada e mãe de duas filhas, apresentou perante testemunhas (mais de 30 pessoas) os seus dons mediúnicos especiais: proporcionar a materialização de um espírito na noite de 17 de julho de 1963. Otília teve outras ocasiões em que estudiosos e pesquisadores estiveram presentes às reuniões para poderem aquilatar a pureza e a seriedade dos fenômenos que ali ocorriam.

Em algumas delas, a de Uberaba, por exemplo, 19 médicos participaram do encontro, dentre eles os doutores Adroaldo Modesto Gil, Eurípedes Tahan Vieira e Elias Barbosa, os quais, aliás, assinaram documento sobre um desafio lançado irresponsavelmente por alguns repórteres da então revista O *Cruzeiro*, após a publicação de matéria agressiva e ofensiva sobre os acontecimentos presenciados com Otília, em transe. Segue o teor completo do texto referido acima: "Na qualidade de relatores, em nome da equipe médica que investiga os fenômenos de materialização de Uberaba, considerando os conceitos afrontosos que nos foram lançados em recentes reportagens por uma revista editada na Guanabara; o recuo dos autores dessas reportagens, por meio de um comunicado que deram à imprensa paulistana, assinado pela direção dessa mesma revista, à mesa-redonda esclarecedora, conosco, organizada pela TV Cultura, Canal 2 de São Paulo, em 18 de janeiro findo, conforme reportagem no *Diário de São Paulo* de 17 do referido mês; a não publicação em época oportuna da réplica que remetemos à direção da mesma revista em 19 do mês atrasado; e os termos injuriosos com que se referiu ao nosso colega, doutor Waldo Vieira, que nos cedeu gentilmente seu consultório para as experimentações; não apenas recusamos todo aviso proveniente desse semanário, como também não reconhecemos honorabilidade moral na direção dessa revista para nos dirigir repto que visa à exploração sensacionalista com fins publicitários.

Informamos às pessoas interessadas que as pesquisas metapsíquicas, nesta cidade, prosseguem normalmente. Uberaba, 4 de março de 1964."

Os signatários que a assinam, são os nomes supracitados e que constam do livro *Materializações de Uberaba*, de Jorge Rizzini (de 1964), republicado pela Editora Livro Fácil – Nova Luz, em 1997.

Como adendo constante desse histórico registro narrado sobre as materializações com Otília Diogo, o médium Francisco Cândido Xavier assim se posicionou sobre os fenômenos constatados, enaltecendo o objetivo do Além: "Os nossos amigos espirituais, o nosso Emmanuel e o nosso André Luiz, sempre estimam em alta conta os trabalhos de materialização no setor da comprovação científica da sobrevivência da alma, além da morte. [...] mas num respeito recíproco entre a ciência e a fé (...)".

4. Fenômenos explicáveis

NO CAPÍTULO dedicado aos efeitos físicos e às células e corpo espiritual, respectivamente dos livros *Nos domínios da mediunidade* e *Evolução em dois mundos* – ambos do Espírito André Luiz, psicografados por Francisco Cândido Xavier (FEB – Federação Espírita Brasileira), encontra-se esta explicação sobre os fenômenos da materialização:

"Materializar significa corporificar.

Essa força materializante é como as outras manipuladas em nossas tarefas de intercâmbio, independente do caráter e das qualidades morais daqueles que a possuem, constituindo emanações do mundo psicofísico, das quais o citoplasma é uma das fontes de origem. Em alguns raros indivíduos, encontramos semelhante energia com mais alta percentagem de exteriorização; contudo, sabemos que ela será de futuro mais abundante e mais facilmente abordável, quando a coletividade humana atingir mais elevado grau de maturação.

(...) Pelo mesmo teor de semelhante saturação, que vamos entender as demonstrações do faquirismo e outras realizadas em sessões experimentais do Espiritismo, nas quais a mente superconcentrada pode arremessar fluidos de impulsão sobre vidas inferiores, como seja a das plantas, imprimindo-lhes desenvolvimento anormal, e explicar os fenômenos da materialização mediúnica. Neste caso, sob condições excepcionais e com o auxílio de Inteligências desencarnadas, o organismo do médium deixa escapar o ectoplasma ou o plasma exteriorizado, no qual as células em tonalidade vibratória diferente, elastecem-se e se renovam, de conformidade com os moldes mentais que lhes são apresentados, produzindo os mais significativos fenômenos em obediência ao comando da Inteligência, por intermédio da qual a Esfera Espiritual sugere ao Plano Físico a imortalidade da alma, a caminho da Vida Superior."

5. Pernambuco se apresenta como pioneiro – reconhecendo a paranormalidade

É PRECISO destacar um grande feito no Estado de Pernambuco, no âmbito político, jurídico e administrativo, por ocasião da implantação da Constituição do Estado, em 1989, que gerou, a partir daí, perspectivas positivas relacionadas com a participação de atividades e resultados que transcendem o ambiente físico em que vivemos. Foi o Estado precursor no reconhecimento do poder metapsíquico ou paranormalidade.

Isso demonstra, sem receio de errar, visão futurista e racional ao admitir que não é ficção, mas fato real, a influência de outro plano nos assuntos de interesse da humanidade.

O resumo a seguir é de autoria do promotor de justiça, doutor Valter da Rosa Borges, em seu trabalho apresentado no XIII Simpósio Pernambucano de Parapsicologia, realizado, em 1995, no Hotel Palace Lucsim, Boa Viagem, Recife:

"A Parapsicologia e suas relações com o Direito paranormal na Constituição de Pernambuco.

Como consequência do trabalho realizado pelo Instituto Pernambucano de Pesquisas Psicobiofísicas – IPPP, no campo da Parapsicologia, em nosso Estado, a Constituição de Pernambuco, promulgada em 5 de outubro de 1989, obrigou-se a prestar assistência à pessoa dotada de aptidão paranormal, conforme determina o seu Art. 174: 'O Estado e os Municípios, diretamente ou através de auxílio de entidades privadas de caráter assistencial, regularmente constituídas, em funcionamento e sem fins lucrativos, prestarão assistência aos necessitados, ao menor abandonado ou desvalido, ao superdotado, ao *paranormal* e à velhice desamparada'. (grifo nosso)

Diga-se, de passagem, que a Constituição de Pernambuco é a única no mundo a reconhecer expressamente a paranormalidade, obrigando o Estado e os Municípios, assim como as entidades privadas que satisfizerem às exigências da norma constitucional a prestar assistência à pessoa dotada desse talento. Assim, *ad futurum*, os fenômenos paranormais que produzam consequências jurídicas poderão fundamentar decisões judiciais em qualquer área do Direito, com a admissão, inclusive, da utilização da paranormalidade nos trâmites processuais."

Muito embora na Constituição pernambucana a paranormalidade encontre o abrigo que merece, pois sua presença, interferência e efeito são incontestáveis no seio da humanidade, os demais Estados federativos não reconhecem, pelo menos até agora, essa força acessória e acessível que vem do espaço à nossa volta e que não tem absolutamente vínculo prerrogativo algum com religiosidade e muito menos com a Doutrina Espírita. Muito ao contrário, esse dom pertence a todos e em todos pode se manifestar.

6. Fechar os olhos é mais fácil

O QUE ESTÁ trazendo inquietação não só para alguns profissionais do meio jurídico, mas também para igual número de pessoas insatisfeitas com o entendimento judicioso, é justamente a apresentação de recursos que transcendem o ambiente terreno por ocasião da defesa.

Os que são radicalmente contrários ou desfavoráveis à psicografia como uma das modalidades de prova, alegam que esse documento não pode prosperar como validade propriamente dita em defesa, conforme alguns casos já registrados no Brasil.

Discutir a legitimidade desse documento com base nascente na falsa afirmação de que "ninguém voltou do outro lado para dizer se a vida prossegue ou não" mostra incoerência com o que se tem constatado ao longo dos séculos.

Existe ou não vida após a morte? Essa parece ser a primeira interrogação. Ser ou não possível uma comunicação com esse outro lado é mais uma questão, como o é a psicografia e a credibilidade da origem.

7. As religiões contestam o fim

As RELIGIÕES não contradizem o prosseguimento da vida após a morte; podem ter pontos de vista diferentes, mas não cogitam de sua interrupção, especialmente as cristãs, que somam mais de 2,3 bilhões de seguidores, que, muito pelo contrário, falam de sua eternidade e algumas enaltecem personagens de sua predileção.

As quatro maiores religiões do mundo não cristão, com seus respectivos seguidores, a saber: o islamismo com 1,3 bilhão; o hinduísmo com 750 milhões; o budismo com 450 milhões e o judaísmo com 15 milhões, igualmente não cogitam a cessação da existência.

Como compreender, portanto, que uma autoridade religiosa possa, mesmo equivocada ou despretensiosamente, pôr em dúvida a continuidade da existência nesse outro lado? Como alguns podem alegar com firmeza um ponto de vista puramente materialista, em face dos milhares de mostras de evidências, como parte de suas justificativas alegadas, utilizando-se deste argumento: "A respeito de tudo isso, sobressai, no campo científico, a majoritária opinião no sentido de não ser possível contato com quem participa do mundo físico. E, se nem mesmo se pode negar ou afirmar algo em relação à vida após a morte, haja vista a impossibilidade de uma resposta concreta, mostra-se, sem dúvida, absurdo admitir como prova no âmbito do processo penal documentos resultantes da psicografia"?

Quanto à aceitação ou não da psicografia como prova ou parte dela é apenas uma questão de ser ou não favorável, a exemplo de outros quesitos que também podem ser submetidos à apreciação, quando, sobre eles, recaírem dúvidas.

O que se vê, no entanto, é a insistência de se transportar esse tema ao contexto religioso, quando sua essência, na verdade, não está ligada exclusivamente à Doutrina Espírita, uma vez que a mediunidade, atributo único para a intermediação entre os planos, pode acontecer e acontece de fato, em qualquer meio, inclusive entre os ateus ou os descrentes.

Negar o óbvio não parece ação raciocinada.

Acreditar ou não na continuidade da vida é questão pessoal e de caráter religioso, sempre vinculada à fé, cuja opinião deve se respeitada.

Os que não creem entendem que a vida prossegue; que ela cessa somente a partir da morte; a inércia se estabelece no corpo extinguindo a vitalidade e, consequentemente a vida, que é única, pois só se vive uma vez.

Os que creem sabem que o espírito é criação divina e por isso mesmo eviterno – criado para a imortalidade.

Os espíritas não só sabem que o espírito é eviterno como sabem também da necessidade do retorno, sem o que não haverá progresso.

Portanto, comunicar-se com os mortos por meio da palavra ou da escrita (como é o caso da psicografia) ou presenciar a materialização destes por ocasião de reuniões específicas escapa em sua essência do campo puramente religioso para ingressar, sem nenhum vestígio de dúvida, em área essencialmente científica, e disso há milhares de provas, embora a ciência em si, ainda que não o reconheça, também não o desmente.

8. Propostas de alteração de texto de lei

O CÓDIGO de Processo Penal (CPP), instituído pelo Decreto-Lei nº 3.869, de 3 de outubro de 1941, é o diploma legal em qual estão estabelecidos os procedimentos formais ao rito processual dos assuntos pertinentes ao crime.

Precisamente no Capítulo IX desse Decreto, na parte que trata da forma e modalidade de documentação que será aceita em processos, em seu art. 232, objeto da alteração proposta que está em trâmite na Câmara dos Deputados, em Brasília, diz, hoje: "Consideram-se documentos quaisquer escritos, instrumentos ou papéis, públicos ou particulares"; no parágrafo único: "À fotografia do documento, devidamente autenticada, se dará o mesmo valor do original".

A alteração proposta, se aprovada, passará a ter esta redação: "Art. 232 – Consideram-se documentos quaisquer escritos, instrumentos ou papéis, públicos ou particulares, exceto os resultantes de psicografia"; o texto do parágrafo único será mantido.

A proposta de alteração do texto ora em vigor foi apresentada pelo professor de teologia, bispo evangélico e deputado federal pelo Distrito Federal, **ROBSON LEMOS RODOVALHO**, em 7 de agosto de 2007 e recebeu o PL nº 1.705/2007, encontrando-se, atualmente, na Comissão de Constituição e Justiça e de Cidadania da Câmara dos Deputados, em Brasília, obedecendo o curso normal dos projetos.

Com o devido respeito que o caso merece, não se poderia aqui deixar de exibir detalhes das manifestações documentadas, as quais seguramente contribuirão para melhor ajuizar a questão discutida.

Na sequência, a propositura do deputado Rodovalho, com a respectiva justificativa, em cópia da própria Câmara Federal:

PROJETO DE LEI Nº 1.705/2007

(Do senhor Rodovalho)

Altera o *caput* do art. 232 do Decreto-Lei nº 3.689, de 3 de outubro de 1941 – Código de Processo Penal.

O Congresso Nacional Decreta:

Art. 1º – Esta Lei altera o *caput* do art. 232 do Decreto-Lei nº 3.689, de 3 de outubro de 1941 – Código de Processo Penal, para dispor que documentos psicografados não terão valor probatório no âmbito do processo penal.

*

Art. 2º – O *caput* do art. 232 do Decreto-Lei nº 3.689, de 3 de outubro de 1941 – Código de Processo Penal, passa a vigorar com a seguinte redação:

"Art. 232 – Consideram-se documentos quaisquer escritos, instrumentos ou papéis, públicos ou particulares, exceto os resultantes de psicografia." (NR)

Art. 3º – Esta Lei entra em vigor na data de sua publicação.

JUSTIFICAÇÃO

Este Projeto de Lei tem como objetivo destituir de valor probatório o texto psicografado no âmbito do processo penal.

Com efeito, todo objeto de valor probatório deve ser concretamente relacionado aos fatos controversos. Recentemente, no entanto, adquiriram notoriedade alguns julgamentos em que réus foram absolvidos ou condenados com base no teor de documentos psicografados.

Tais fatos têm provocado grande inquietude na comunidade jurídica em razão da validade ou não do material psicografado. Ora, aceitar como prova um documento ditado ou sugerido por algum espírito desencarnado implica resolver uma questão de fé, diferenciando-se, pois, da análise de um dado concreto e passível de contestação.

Pergunta-se então: pode-se afirmar que os espíritos desencarnados têm os atributos divinos da onipresença, onisciência e onipotência? Não existindo tais atributos, pode-se acreditar nos relatos de um espírito? Há como se garantir que a pessoa que afirma receber um espírito estará dizendo a verdade? Não havendo a possibilidade de responder às variadas perguntas, o juiz poderá absolver o réu em razão do princípio *in dubio pro reo*, decidindo, pois, na dúvida, a favor do réu? A respeito de tudo isso, sobressai, no campo científico, a majoritária opinião no sentido de não ser possível contato com quem não participa do mundo físico. E, se nem mesmo se pode negar ou afirmar algo em relação à vida após a morte, tendo em vista a impossibilidade de uma resposta concreta, mostra-se, sem dúvida, absurdo admitir como prova no âmbito do processo penal documentos resultantes da psicografia.

Ressalte-se ainda ser inegável que as provas documentais, periciais e testemunhais surgiram também para afastar a condução do processo penal também da influência de convicções, dogmas e aspectos religiosos, ou seja, para que o que ocorrer no processo penal se atenha essencialmente às explicações concretas, bem como à reflexão humana.

Não se deve, pois, admitir que as partes, sendo-lhes negada a autotutela, fiquem submetidas a provas que, no mundo sensível, não têm como ser contraditadas de forma concreta. O *jus puniendi* deve, necessariamente, ser motivado por dados da vida real e não permitir que o livre convencimento do juiz seja, essencialmente, fundado meramente na fé religiosa.

Dada a relevância da presente proposta legislativa, conclamo os ilustres pares a apoiá-la.

Já o deputado federal **COSTA FERREIRA**, provavelmente entendendo que a proposta apresentada poderia ser melhorada, decidiu oferecer diferente alteração, desta feita mantendo a originalidade do art. 232 do Código de Processo Penal, que trata das provas, mas acrescentando-lhe outro parágrafo, conforme sua expressão no Projeto de Lei que recebeu o nº 3.314/2008, apresentado em 23 de abril de 2008, cujo trâmite é em conjunto à Proposta Inicial de nº 1.705, conforme segue:

PROJETO DE LEI Nº 3.314/2008

(Do senhor Costa Ferreira)

Acrescenta parágrafo ao artigo 232 do Código de Processo Penal.

O Congresso Nacional decreta:

Art. 1º – Esta Lei acrescenta parágrafo ao artigo 232 do Código de Processo Penal.

*

Art. 2º – O artigo 232 do Código de Processo Penal passa a vigorar com os seguintes parágrafos:

"§1º – À fotografia do documento, devidamente autenticada, se dará o mesmo valor do original.
§ 2º – Não se considera documento o texto psicografado."

Art. 3º – Esta Lei entra em vigor na data de sua publicação.

JUSTIFICAÇÃO

Todo objeto de valor probatório deve poder ser concretamente relacionado aos fatos controversos. Ultimamente, contudo, adquiriram notoriedade alguns julgamentos em que réus foram absolvidos ou condenados com base em documentos psicografados. Historicamente, entretanto, as provas documentais, junto com as perícias e provas testemunhais surgiram justamente para afastar a prova produzida no processo penal da influência de aspectos religiosos. Ou seja, o que ocorre no processo deve ater-se essencialmente a explicações concretas e à reflexão humana. O texto psicografado não tem como ser submetido ao contraditório e assim não há como ver obedecido o devido processo legal.

Tenho isso em vista, conclamo meus pares a aprovar o presente Projeto de Lei.

Como relator do Projeto de Lei do deputado Rodovalho, foi indicado o representante comercial e deputado federal pelo

Espírito Santo, **Neucimar Ferreira Fraga**, que sintetizou assim sua posição sobre o caso:

COMISSÃO DE CONSTITUIÇÃO E JUSTIÇA E DE CIDADANIA

PROJETO DE LEI Nº 1.705, DE 2007

Altera o *caput* 232 do Decreto-Lei nº 3.689, de 1941 – Código de Processo Penal.

Autor: Deputado Rodovalho
Relator: Deputado Neucimar Fraga

I – RELATÓRIO

Trata-se de Projeto de Lei cujo fim precípuo é alterar o artigo 232 do Decreto-Lei nº 3.689, de 3 de outubro de 1941 – Código de Processo Penal, para dispor que documentos psicografados não terão valor probatório no âmbito do processo penal.

Justifica, o autor, a sua iniciativa, ao argumento de que "recentemente, no entanto, adquiriram notoriedade alguns julgamentos em que réus foram absolvidos ou condenados com base no teor de documentos psicografados".

*

Aduz ainda que "não se deve, pois, admitir que as partes, sendo-lhes negada a autotutela, fiquem submetidas a provas que, no mundo sensível, não têm como ser contraditadas de forma concreta. O *jus puniendi* deve, necessariamente, ser motivado por dados da vida real e não permitir que o livre convencimento do juiz seja, essencialmente, fundado meramente na fé religiosa".

A proposição foi distribuída a esta Comissão de Constituição e Justiça e de Cidadania para análise quanto à sua constitucionalidade, juridicidade, técnica legislativa e mérito, nos termos regimentais.

É o relatório.

II – VOTO DO RELATOR

O Projeto de Lei em exame atende, em linhas gerais, aos pressupostos constitucionais formais relativos à competência da União, às atribuições do Congresso Nacional e à legitimação da iniciativa parlamentar, nos termos dos arts. 22, inciso I, 48 e 61, *caput*, todos da Constituição Federal.

Com relação à técnica legislativa, a proposição está perfeita, pois atende os preceitos da Lei Complementar nº 95/1998, que dispõe sobre a elaboração, a redação, a alteração e a consolidação das leis.

*

O pressuposto da juridicidade também está alcançado pela proposição.

Quanto ao mérito, entendemos que a presente reforma legislativa deve prosperar.

Recentemente ocorreu um caso em que um material psicografado foi levado à discussão e apreciação no plenário do júri, no Estado do Rio Grande do Sul.

Tal fato macula os princípios constitucionais que norteiam o ordenamento jurídico pátrio:

Primeiro, o Estado brasileiro é laico, assim os Poderes da república devem ser exercidos separadamente dos dogmas e conceitos religiosos. A atuação estatal é imune a qualquer interferência da religião. Portanto, sendo o Estado brasileiro laico, não se pode admitir que qualquer ato do Poder Judiciário se paute em documento cuja origem seja atribuída a algo sobrenatural.

Segundo, a prova processual cuja autoria não é da pessoa humana, como é o caso da psicografia, afronta a norma insculpida no inciso IV do art. 5º da Constituição Federal, que permite a manifestação do pensamento, vedando-se, todavia, o anonimato. O documento psicografado é aquele apresentado por pessoa que não assume a sua autoria, de modo que os abusos porventura ocorridos no exercício indevido da manifestação do pensamento não podem ser passíveis de exame e apreciação pelo Poder Judiciário com a consequente responsabilização civil e penal de seus autores.

Terceiro, que o denominado documento psicografado não comporta contraditório, é um dogma, é uma prova pressuposta arbitrariamente e, por conseguinte, não se coaduna com o princípio do devido processo legal.

Com efeito, provar é demonstrar, irrefragavelmente, a verdade absoluta dos fatos. No processo, as partes devem demonstrar documentos e fatos que possam representar a verdade real dos fatos pretéritos. Dessa forma, os documentos psicografados não esclarecem os fatos e estão longe de traduzirem a verdade real, ao contrário, só fazem obscurecer e confundir os sujeitos processuais.

Em razão do exposto, voto pela constitucionalidade, juridicidade, e boa técnica legislativa, e, no mérito pela aprovação do Projeto de Lei nº 1.705, de 2007.

Deputado Neucimar Fraga
Relator

Entendendo, porém, que os arrazoados acerca das justificativas sobre a aceitação ou não desses documentos como mais um meio de prova, oriundos de outra esfera, assim lembrou o delegado de polícia federal e deputado federal pelo Rio de Janeiro, **Marcelo Zaturansky Nogueira Itagiba**, ao apresentar seu parecer com voto em separado:

COMISSÃO DE CONSTITUIÇÃO E JUSTIÇA E DE CIDADANIA

PROJETO DE LEI Nº 1.705, DE 2007
(Do senhor Rodovalho)

Altera o *caput* do art. 232 do Decreto-Lei nº 3.689, de 3 de outubro de 1941 – Código de Processo Penal.

Autor: Deputado Rodovalho
Relator: Deputado Neucimar Fraga

Voto em separado do deputado Marcelo Itagiba

I – RELATÓRIO

Trata-se do Projeto de Lei nº 1.705, de 2007, de autoria do deputado Rodovalho, que "altera o *caput* do art. 232 do Decreto-Lei nº 3.689, de 3 de outubro de 1941 – Código de Processo Penal", com o objetivo de vedar o uso de documentos psicografados como meio de prova no âmbito do processo penal, nos seguintes termos:

*

"Art. 2º – O *caput* do art. 232 do Decreto-Lei nº 3.689, de 3 de outubro de 1941 – Código de Processo Penal passa a vigorar com a seguinte redação:

'Art. 232. Consideram-se documentos quaisquer escritos, instrumentos ou papéis, públicos ou particulares, exceto os resultantes de psicografia. (NR)'"

O projeto foi apresentado porque, segundo o autor, não se deve admitir ficarem as partes submetidas a provas que, no mundo sensível, não têm como ser contraditadas de forma concreta:

"O *jus puniendi* deve, necessariamente, ser motivado por dados da vida real e não permitir que o livre convencimento do juiz seja, essencialmente, fundado meramente na fé religiosa."

A medida legislativa esboçada foi apresentada em plenário, no dia 7 de agosto de 2007, e, por despacho da mesa diretora da Câmara, distribuído à Comissão de Constituição e Justiça e de Cidadania, para manifestação (art. 54, RICD), sujeita à apreciação conclusiva e a regime de tramitação ordinário.

Recebido na Comissão de Constituição e Justiça e de Cidadania, no dia 8 de novembro de 2007, foi designado como relator o nobre deputado Neucimar Fraga (PR-ES), tendo este se manifestado pela constitucionalidade, juridicidade, técnica legislativa e, no mérito, pela aprovação, com base nos seguintes argumentos:

"(...), entendemos que a presente reforma legislativa deve prosperar.

Recentemente ocorreu um caso em que um material psicografado foi levado à discussão e apreciação no plenário do júri, no Estado do Rio Grande do Sul. Tal fato macula os princípios constitucionais que norteiam o ordenamento jurídico pátrio: primeiro, o Estado brasileiro é laico, assim os Poderes da República devem ser exercidos separadamente dos dogmas e conceitos religiosos. A atuação estatal é imune a qualquer interferência da religião. Portanto, sendo o Estado brasileiro laico, não se pode admitir que qualquer ato do Poder Judiciário se paute em documento cuja origem seja atribuída a algo sobrenatural.

Segundo, a prova processual cuja autoria não é da pessoa humana, como é o caso da psicografia, afronta a norma insculpida no inciso IV do art.5º da Constituição Federal, que permite a manifestação do pensamento, vedando-se, todavia, o anonimato. O documento psicografado é aquele apresentado por pessoa que não assume a sua autoria, de modo que os abusos porventura ocorridos no exercício indevido da manifestação do pensamento não podem ser passíveis de exame e apreciação pelo Poder

Judiciário com a consequente responsabilização civil e penal de seus autores.

Terceiro, que o denominado documento psicografado não comporta contraditório, é um dogma, é uma prova pressuposta arbitrariamente e, por conseguinte, não se coaduna com o princípio do devido processo legal.

Com efeito, provar é demonstrar, irrefragavelmente, a verdade absoluta dos fatos. No processo, as partes devem demonstrar documentos e fatos que possam representar a verdade real dos fatos pretéritos. Dessa forma, os documentos psicografados não esclarecem os fatos e estão longe de traduzirem a verdade real; ao contrário, só fazem obscurecer e confundir os sujeitos processuais.

Em razão do exposto, voto pela constitucionalidade, juridicidade, e boa técnica legislativa, e, no mérito pela aprovação do Projeto de Lei nº 1.705, de 2007."

É o relatório.

II – VOTO

Realmente. Relativamente à adequação constitucional, a matéria tratada na proposta está incluída no rol daquelas cuja competência legislativa é da União, conforme preceituado no art. 22, inciso I, da Constituição Federal.

*

Também presente o requisito da legitimidade para propositura de lei ordinária, conforme o disposto nos arts. 48 e 61, *caput*, da Lei Maior.

Parece-nos, contudo, que, materialmente, ao contrário do que afirmam o autor e o relator, a proposta é que, isso sim, fere preceitos constitucionais.

Quando o autor da proposta argumenta que "*o jus puniendi* deve, necessariamente, ser motivado por dados da vida real e não permitir que o livre convencimento do juiz seja, essencialmente, fundado meramente na fé religiosa", parece desprezar a circunstância de que, senão por erro (o que, aliás, o projeto não corrigiria), o juiz deve considerar o conjunto probatório, e não submeter-se, incontinente, a uma só prova, apenas porque psicografada.

A proposta, apenas por isso, será injurídica, na medida em que tolhe o exercício do magistrado no seu direito à livre apreciação das provas que lhe são trazidas ao conhecimento para sua persuasão racional acerca da matéria que lhe foi posta, além de inconstitucional, por ofensa à liberdade de pensamento e de credo (p. ex. do acusado, do advogado, do juiz, do júri), liberdade entendida como direito à escolha, à opção, ao livre-arbítrio, o poder de coordenação consciente dos meios necessários à realização pessoal.

*

O direito à liberdade de pensamento (art. 5º, IV, VI, VIII, CF), no sentido que se pretende asseverar, é o direito de exprimir por qualquer forma, o que se pense em Ciência, Religião, Arte ou o que for. Trata-se de liberdade de conteúdo intelectual e supõe o contato do indivíduo com seus semelhantes, pela qual o homem tende a participar a outros suas crenças, seus conhecimentos, sua concepção do mundo, suas opiniões políticas ou religiosas e seus trabalhos.

Mas não só por isso a medida ferirá nossa Lei Fundamental, caso aprovada. É que os direitos públicos subjetivos constituem um complexo de faculdades jurídicas e de poderes que assistem às pessoas. Importa-nos, neste diapasão, no sentido de direito subjetivo de cada um exigível em face do Estado brasileiro, a igualdade sem distinção de credo religioso, ínsita no art. 5º, incisos VI e VIII, *verbis*:

"VI – é inviolável a liberdade de consciência e de crença, sendo assegurado o livre exercício dos cultos religiosos e garantida, na forma da lei, a proteção aos locais de culto e as suas liturgias;

VIII – ninguém será privado de direitos por motivo de crença religiosa ou de convicção filosófica ou política, salvo se as invocar para eximir-se de obrigação legal a todos imposta e recusar-se a cumprir prestação alternativa, fixada em lei;"

*

Ademais, os princípios decorrentes do devido processo legal, do contraditório e da ampla defesa, previstos no inciso LV do art. 5º da Carta Maior, os quais podem ser expressos sob a fórmula da "informação necessária + reação possível", parecem igualmente arranhados. Isso porque deles se extraem o exercício dos meios e recursos inerentes à ampla defesa: ter conhecimento claro da imputação, poder apresentar alegações contra a acusação; poder acompanhar a prova produzida e fazer contraprova; e poder recorrer da decisão desfavorável.

Dizer-se, pois, que "o Estado brasileiro é laico" e disso extrair-se a não possibilidade de "qualquer ato do Poder Judiciário que se paute em documento cuja origem seja atribuída a algo sobrenatural" e, ainda, de que essa prova processual não tem autoria humana e que por isso afrontaria a norma insculpida no inciso IV do art. 5º da Constituição Federal, que veda o anonimato, é subverter a ordem constitucional posta com base nas liberdades apontadas: a de pensamento; a de crença religiosa e a de produção de provas na realização do devido processo legal.

A prova psicografada, se levada aos autos, será apenas uma dentre todos os elementos de prova de um conjunto probatório que, de acordo com o livre convencimento do juiz, por persuasão racional, irá decidir a questão que lhe foi posta. Daí enganarem-se, tanto o autor como o relator do projeto ora em debate quando afirmam que "recentemente ocorreu um caso em que um material psicografado foi levado à discussão e apreciação no plenário do júri, no Estado do Rio Grande do Sul" e que isso teria sido a razão do veredito final, já que "o denominado documento psicografado não comporta contraditório, é um dogma, é uma prova pressuposta arbitrariamente e, por conseguinte, não se coaduna com o princípio do devido processo legal".

Ora, se o juiz baseou-se em prova psicografada que não se coaduna com o conjunto probatório, o veredito estará equivocado, não em razão da prova psicografada, mas em razão de um erro lógico-formal levado a efeito pelo magistrado. Vale anotar, a propósito, excerto de *decisum* (TRT – RO – nº 148/2000 - AC. TP nº 559/2000; rel. juiz Bruno Weiler; in <http://www.trt23.gov.br/acordaos/2000/pb00014/RO000148.htm>) que bem esclarece o que queremos chamar atenção neste ponto, no que concerne ao valor probante de tudo o que o regime jurídico brasileiro aceita como prova:

"Em nosso sistema processual, não existe hierarquia de prova. O princípio reitor da prova, escolhido pelo *Código de Buzaid*, é o princípio da 'persuasão racional' ou 'do livre convencimento motivado', o qual permite ao magistrado, apreciar o conjunto probatório livremente, convencendo-se mais por um, do que por outro meio de prova, sempre fundamentando suas razões, como estatui o art. 131, do Código de Processo Civil."

Atinentemente ao anonimato vedado pelo Constituinte, não cremos que seja o caso. Psicografia (do grego, escrita da mente ou da alma), segundo o vocabulário espírita, é a capacidade atribuída a certos médiuns de escrever mensagens ditadas por espíritos.[6] Não há anonimato, pois, nem do representante, nem do representado. Existem pesquisadores e estudiosos que afirmam ser a psicografia um caso de ilusão ou fraude, no entanto, ninguém até o momento conseguiu comprovar que as obras psicografadas por médiuns que fazem parte do movimento espírita sejam fraudes.

Ao contrário, "Carlos Augusto Perandréa (professor adjunto do departamento de patologia, legislação e deontologia da Universidade Estadual de Londrina, Estado do Paraná, e criminólogo e perito credenciado pelo Poder Judiciário) estudou as assinaturas dos textos psicografados por Chico Xavier utilizando as mesmas técnicas com que avalia assinatura para bancos, polícias e o Poder Judiciário, a grafoscopia".[7] O resultado do seu estudo comprovou que as assinaturas dos desencarnados nos textos psicografados eram idênticas às assinaturas destes quando vivos.[8]

*

---

6. Psicografia, in <http://pt.wikipedia.org/w/index.php?title=Psicografia&oldid=9848086>.

7. Op. cit.

8. Carlos A. Perandréa. *A psicografia à luz da grafoscopia*, São Paulo: Ed. Fé, 2004.

Sob o ponto de vista aludido nas justificativas da pretensão legislativa de que o Estado brasileiro é laico e, que, por decorrência disso, "os Poderes da República devem ser exercidos separadamente dos dogmas e conceitos religiosos", a proposta também não se sustenta, já que a palavra "laico" é um adjetivo que significa uma atitude crítica e separadora da interferência da religião organizada na vida pública das sociedades contemporâneas.[9]

O resultado da aprovação da proposta será, pois, tirar o regime jurídico posto da condição laica em que está, para, com ela, colocar o Estado brasileiro em oposição expressa a uma crença religiosa. A atitude laica, vale dizer, pelo contrário da via que visa à proposta, "impele os indivíduos a seguirem os ditames da sua consciência (quer no caso em que se acredite que seja divinamente inspirada, quer pela razão, intuição, estética ou qualquer outro processo pessoal), em vez de seguir cegamente as regras, hierarquias e autoridades morais ou eclesiásticas de uma dada religião organizada".[10]

"O laicismo é uma doutrina filosófica que defende e promove a separação do Estado das Igrejas e comunidades religiosas, assim como a neutralidade do Estado em matéria religiosa. Não deve ser confundida com o ateísmo de Estado.

*

9. Laico, in <http://pt.wikipedia.org/w/index.php?title=Laico&oldid=9357875>.
10. Op. cit.

Os valores primaciais do laicismo são a liberdade de consciência, a igualdade entre cidadãos em matéria religiosa, e a origem humana e democraticamente estabelecida das leis do Estado".[11]

Portanto, parece-nos um equívoco a aprovação da medida, tal qual proposto, razão deste voto em separado, com base nos fundamentos acima colocados.

Isto posto, concluímos pela inconstitucionalidade, injuridicidade, e, no mérito, pela rejeição do Projeto de Lei nº 1. 705, de 2007, a despeito da boa técnica legislativa utilizada.

Deputado Marcelo Itagiba
PMDB/RJ

Régis Fernando de Oliveira, advogado, administrador de empresas, professor e deputado federal por São Paulo, apresentou seu ponto de vista técnico.

COMISSÃO DE CONSTITUIÇÃO E JUSTIÇA E DE CIDADANIA

PROJETO DE LEI Nº 1.705 DE 2007

Altera o *caput* do art. 232 do Decreto-Lei nº 3.689, de 3 de outubro de 1941 – Código de Processo Penal.

11. Op. cit.

*

Autor: Deputado Rodovalho

Relator: Deputado Neucimar Fraga

Voto em separado do deputado Regis de Oliveira

Trata-se de Projeto de Lei de autoria do nobre deputado Rodovalho visando à alteração do *caput* do art. 232 do Código de Processo Penal com o intuito de excluir do rol dos documentos probatórios os psicografados.

Como justificativa, o autor alega que o Estado é laico e, portanto, imune a qualquer interferência da religião. Segue afirmando que os documentos psicografados não comportam o contraditório por se tratar de um dogma. É uma prova pressuposta arbitrariamente e, por conseguinte, não se coaduna com o princípio do devido processo legal. Finalizando, alega que o documento psicografado é prova cuja autoria não é da pessoa humana violando, com isso, o art. 5º da Constituição Federal, que permite a manifestação do pensamento, vedando-se, todavia, o anonimato. Finaliza lembrando que o Estado é laico.

Submetido a esta Comissão o relator, nobre deputado Neucimar Fraga, manifestou-se pela constitucionalidade, juridicidade e boa técnica legislativa do Projeto de Lei nº 1.705/07 e, no mérito, pela aprovação da matéria.

*

Contrariamente, o nobre deputado Marcelo Itatiba apresentou voto em separado concluindo pela inconstitucionalidade, injuridicidade e boa técnica legislativa do Projeto de Lei nº 1.705/07 e, no mérito, pela rejeição da matéria.

É o relatório.

VOTO

O nobre deputado Marcelo Itagiba, em seu brilhante voto, asseverou que o Projeto de Lei em questão viola os dispositivos constitucionais que tratam da liberdade de pensamento, de consciência e de crença. Afirma que estes são os valores primaciais do laicismo. Mas não só por isso a matéria fere o nosso ordenamento jurídico. Ela viola frontalmente o princípio do livre convencimento do juiz na apreciação do conjunto probatório – princípio este fundamental em nosso sistema processual. Esta talvez seja a questão mais importante a ser discutida, vez que a liberdade de que dispõe o juiz para formar seu convencimento visa a legitimar as decisões da magistratura e reforçar sua autoridade.

Ao se produzir determinada prova, o que se pretende é conduzir ao espírito do julgador o conhecimento da verdade acerca dos fatos relevantes para a solução de determinado conflito de interesses. Entretanto, isso somente virá a ocorrer se, por seus próprios sentidos, o juiz puder estabelecer contato entre a sua percepção e o meio através do qual a prova se manifestar. Sendo assim, esse algo que o juiz percebe com os próprios sentidos pode ser o próprio fato que se deve provar ou um fato distinto.

Esta atividade, a partir da qual o julgador forma sua convicção, "se exaure sob o pano íntimo e imperscrutável da mera subjetividade" (Nobili Massimo *Apud* Mata-Mouros, Maria de Fátima. *A Fundamentação da Decisão como Discurso Legitimador do Poder Judicial*, Comunicação ao Congresso da Justiça em dezembro de 2003).

A aplicação do direito não se dará, na grande maioria dos casos, pelo simples enunciar de uma regra ou de uma fórmula jurídica. O evoluir da sociedade moderna reivindica um sistema muito mais dinâmico e atento às peculiaridades do caso concreto, o que se retrata pela cada vez mais frequente positivação de conceitos jurídicos abertos e indeterminados. Contudo, a aplicação da norma não pode se dar de forma completamente aleatória e, por isso, arbitrária. São os princípios, na condição de balizadores e elementos estruturantes do sistema jurídico, que irão legitimar a aplicação do direito quando a norma conceder ao seu intérprete maior campo de discricionariedade.

O princípio do livre convencimento do juiz, ou da persuasão racional, surgiu no século 16 consolidando-se, sobretudo, com a revolução francesa. Entretanto, foi a partir do século 18, que o sistema da prova legal foi substituído pelo da livre convicção, em que o juiz é livre para apreciar as provas produzidas. No campo das ideias pode-se dizer que a livre convicção refletia o empirismo de Locke pela necessidade de produção de provas, contrapondo-se, assim, ao racionalismo cartesiano da prova legal.

O Código Napoleônico de Processo Civil acolheu implicitamente este princípio, mas é sobretudo com os estatutos processuais da Alemanha e da Áustria que o juiz se libertou completamente das fórmulas numéricas.

"O Brasil também adota o princípio da persuasão racional: o juiz não é desvinculado da prova e dos elementos existentes nos autos (*quod non est in actis non est in mundo*), mas a sua apreciação não depende de critérios legais determinados *a priori.* O juiz só decide com base nos elementos existentes no processo, mas os avalia segundo critérios críticos e racionais (CPC, arts. 131 e 436; CPP, arts. 157 e 182). O princípio do livre convencimento do juiz prende-se diretamente ao sistema da oralidade e especificamente a um de seus postulados, a imediação" (CINTRA, Antonio Carlos de Araújo; GRINOVER, Ada Pellegrini e DINAMARCO, Cândido Rangel. *Teoria Geral do Processo*. 23. ed. São Paulo: Malheiros, 2007, p. 74).

O livre convencimento do juiz é visto como um fenômeno de raízes múltiplas, tendo como substrato razões de cunho político, social, econômico e doutrinário. Da filosofia racionalista à interação do Direito com a Sociologia, evolui-se na forma de interpretação jurídica e na inevitável criação jurisprudencial. Tal evolução representa uma das faces que elucidam o surgimento do princípio do livre convencimento dos juízes. François Geny ensina que "a função judicial é que dá vida ao direito, avançando sempre, a partir das leis, mas muito além delas" (AZEVEDO, 1991: 5-19; TREVES, 1993:118-20).

Ressalta-se que esse é o entendimento que prevalece em nossos Tribunais Superiores. Vejamos:

"Vige em nosso sistema o princípio do livre convencimento motivado ou da persuasão racional, segundo o qual compete ao juiz da causa valorar com ampla liberdade os elementos de prova constantes dos autos, desde que o faça motivadamente, com o que se permite a aferição dos parâmetros de legalidade e de razoabilidade adotados nessa operação intelectual. Não vigora mais entre nós o sistema das provas tarifadas, segundo o qual o legislador estabelecia previamente o valor, a força probante de cada meio de prova" (STF, RH 91691/SP, relator Ministro Menezes Direito, 1ª Turma, julgamento em 19/2/2008).

"A livre apreciação da prova, desde que a decisão seja fundamentada, considerada a lei e os elementos existentes nos autos, é um dos cânones do nosso sistema processual"

(STJ, REsp 908239/MT, relatora Ministra Denise Arruda, 1ª Turma, julgamento em 21/8/2007).

"O princípio da persuasão racional ou da livre convicção motivada do juiz, a teor do que dispõe o art. 131 do Código de Processo Civil, revela que ao magistrado cabe apreciar livremente a prova, atendendo aos fatos e circunstâncias constantes dos autos" (STJ, AgRg no REsp 910568/DF, relator Ministro Luiz Fux, 1ª Turma, julgamento em 12/2/2008).

Diante do exposto, o voto é pela inconstitucionalidade, injuridicidade e boa técnica legislativa do Projeto de Lei nº 1.705/2007 e, no mérito, pela rejeição da matéria.

Sala da Comissão, 6 de maio de 2008

Deputado Regis de Oliveira

9. Casos conhecidos em que a psicografia esteve presente no tribunal

A PSICOGRAFIA consiste na mensagem procedente do outro lado da vida e é enviada pelo espírito (entidade desencarnada) interessado em transmitir informações, ensinamentos ou mesmo orientações aos encarnados, como são chamados os que ainda se acham na Terra, e sempre com o auxílio de um médium e por meio da escrita. Essa modalidade de mensagem ou "carta" tem sido utilizada pela defesa como um dos meios de prova e, até certo ponto, com participação influente e até decisiva em casos envolvendo delitos de natureza grave.

Dos nove casos conhecidos no Brasil, em que o plano espiritual se empenhou, conforme será constatado a seguir, e até interferiu na condução processual para a aplicação da justiça terrena, seis deles foram originados da mediunidade de Francisco Cândido Xavier e diretamente ligados à área criminal. Foram casos de homicídio em que a mão invisível dos espíritos esteve atuante para contribuir, como de fato contribuiu, nos casos a seguir apresentados. Esses casos que estão em sequência de datas.

Há que se destacar, contudo, que um deles, o 1º caso, referente a Henrique Gregóris, a carta mediúnica não chegou a interferir no processo em razão de o julgamento já haver sido realizado. Apenas reforçou a decisão tomada.

Não são, porém, somente cartas ou informações de origem psicografadas que têm colaborado com as questões processuais. Há, por exemplo, um registro, a que chamamos "Um caso interessante" que, embora procedente do plano espiritual, não foi por meio da escrita pela mão do médium, e sim por um sistema diferente, mas não por isso menos confiável.

Outras duas situações, embora nada tenham a ver como prova ou contribuição nesse sentido, tiveram acontecimento em localidades diferentes e estão interligadas, igualmente, com o assunto psicografia, mas não como as que intercederam nos processos.

Os casos que serão agora citados ocuparam espaço no tribunal, na área cível, em que a disputa pretendida é pelo direito da obra, tanto em sua edição quanto ao resultado econômico dela decorrente.

Como já foi dito, também aqui a psicografia está presente, pois as obras foram ditadas por pessoas (espíritos) que já não habitam nosso meio e pelo médium.

10. A psicografia na área criminal

1º CASO: HENRIQUE EMANUEL GREGÓRIS: VÍTIMA
JOÃO BATISTA FRANÇA: RÉU

INCLUÍDO NA ordem cronológica de acontecimento, este caso de homicídio foi o primeiro que contou com a participação do médium mineiro Francisco Cândido Xavier como a antena receptora de mensagens do Além, que recebeu, por meio da psicografia, informações lidas e juntadas ao processo e que, ao final, teve a parcela de contribuição no sentido de mostrar que os fatos foram perfeitamente compreendidos pelos julgadores, que já haviam tomado suas decisões quando da apresentação da referida "carta". Em Goiás, no município de Hidrolândia – que faz parte da Grande Goiânia – houve o primeiro caso registrado envolvendo a psicografia como prova de defesa em processo criminal.

Foi em 10 de fevereiro de 1976, uma terça-feira, que João Batista França, brincando com uma arma de fogo e promovendo a chamada roleta-russa, acidentalmente, efetuou o disparo fatal que acertou o amigo Henrique Emanuel Gregóris, então com 23 anos, que estava a poucos metros de distância, mas no mesmo cômodo.

Henrique, estudante de Administração de Empresas, era o segundo dos quatro filhos do casal Gastão (falecido em 1964, aos 36 anos) e Augusta Soares Gregóris.

Augusta, conhecida por Augustinha, tomou conhecimento do acidente com o filho por volta das 22h30, quando foi informada de que Henrique estava hospitalizado e muito mal. Somente após chegar ao hospital São Salvador é que ficou sabendo que ele havia sido atingido por disparo de arma de fogo e falecido.

A família, naturalmente transtornada, aguardava pelos esclarecimentos e providências processuais por parte do 1º Distrito Policial de Goiânia.

Como, porém, alguns meses depois do fato, o acusado da morte de Henrique fora absolvido pelo tribunal do júri, a família, inconformada e não concordando com aquele resultado, imediatamente entrou com recurso de apelação em Instância Superior, o que foi feito pelo advogado Wanderley de Medeiros.

Enquanto isso, na cidade de Uberaba, em Minas Gerais, distante cerca de 450 quilômetros de Goiânia, dois dias após o recurso impetrado contra a decisão do julgamento que beneficiou o homicida, e sem que essa medida chegasse ao conhecimento de Chico Xavier, este recebe, diretamente de Henrique Emanuel Gregóris, a estranha solicitação no sentido de que fosse pedido à sua mãe – dona Augustinha – "para que perdoasse o amigo".[12]

---

12. XAVIER, Francisco Cândido. *Amor & luz*, pelo Espírito Emmanuel. São Paulo: Ideal – Instituto de Divulgação Editora André Luiz, 1977.

Com a responsabilidade da missão em suas mãos, Chico não titubeou. Foi a Goiânia e entregou pessoalmente à mãe de Henrique a solicitação de seu filho, a qual, imediatamente, não vacilou na decisão a ser tomada. Enviando carta ao seu advogado, solicitou-lhe que encerrasse definitivamente o caso, o que foi feito.[13]

Acrescenta-se aqui o fato de que João Batista França, o autor do disparo que feriu mortalmente Henrique Emanuel Gregóris, já fora considerado inocente por ocasião do julgamento, ou seja, a decisão anteriormente tomada e aplicada em relação ao réu estava coerente com a mensagem recebida por Chico Xavier.

Em mensagem a Chico, Henrique não inocenta João França, mas diz que ambos foram culpados pelo acidente. Este caso foi a júri, mas o réu já havia sido absolvido por 6 votos a 1, sem a influência da psicografia.

2º CASO: MAURÍCIO GARCEZ HENRIQUE: VÍTIMA
JOSÉ DIVINO NUNES: RÉU INOCENTADO

Este foi o segundo episódio envolvendo dois amigos.

A tragédia teve lugar no lar do casal José Henrique e Dejanira, moradores no bairro de Campinas, na cidade de Goiânia, no dia 8 de maio de 1976, sábado.

Maurício Garcez Henrique, de 15 anos, estudante do curso colegial em sua cidade natal, Goiânia, onde nasceu em 19 de

13. *Enxugando lágrimas*, por Espíritos diversos. São Paulo: IDE – Instituto de Difusão Espírita, 1978.

dezembro de 1960, encontrava-se na casa de José Divino Nunes, de 18 anos, seu melhor amigo. Nos depoimentos dos autos consta que ambos estavam numa despensa anexa à cozinha da casa de José Divino, quando Maurício abriu uma pasta que pertencia ao pai do amigo e dela retirou, além do cigarro, um revólver.

Acreditando ter retirado todos os cartuchos passou a brincar com a arma, passando-a ao amigo, que acabou por acionar o gatilho e efetuar o disparo do projétil que o atingiu em pleno peito, provocando-lhe um grito. De imediato, tanto José Divino quanto sua mãe providenciaram a remoção da vítima em um táxi até o hospital, onde não chegou a ser socorrido.

De um lado, os pais de Maurício, José Henrique e Dejanira Garcez Henrique, inconformados com a perda do filho, queriam a punição do responsável. De outro, alegando não ter culpa pelo que aconteceu, José Divino, preso e abalado pela morte do amigo, sofreu, na sequência, outro revés com a perda de seus genitores em grave acidente de trânsito.

Menos de uma semana da morte do filho, o casal José e Dejanira ficou sabendo que era possível receber comunicação de Maurício, por meio da psicografia. "Foi a primeira vez que tomamos conhecimento de que os mortos escrevem", disseram eles surpresos.

Na época em que sentiu no coração o peso do sentimento provocado pela perda repentina e brutal de seu filho de 15 anos de idade, o senhor José Henrique, comerciante aposentado, após exigir a prisão do jovem assassino, embora sabedor da grande amizade com seu filho, reconsiderou sua posição ao conhecer fatos novos que lhe foram apresentados pelo médium Chico Xavier.

Apesar de católicos, três meses depois do ocorrido, os pais de Maurício foram a Uberaba à procura de Chico Xavier, nada conseguindo por vários meses além de singelas linhas de consolo, pelos enfermeiros do Além, em razão da falta de condições físicas e psíquicas em que ainda se achava: "Nosso amigo está sob a assistência espiritual"; "O filho querido agradece as preces"; "O filho está presente e beija-lhes o coração".

No dia 27 de maio de 1978, sábado, dois anos depois, Chico recebeu a primeira mensagem assinada por Maurício, relatando os pormenores do acidente e afirmando: "O José Divino nem ninguém teve culpa em meu caso. Brincávamos a respeito da possibilidade de ferir alguém pela imagem do espelho. Sem que o momento fosse para qualquer movimento meu, o tiro me alcançou, sem que a culpa fosse do amigo ou mesmo minha. O resultado foi aquele. Estou vivo e com muita vontade de melhorar". Esta carta, além de merecer ampla divulgação por parte da família, ainda foi anexada aos autos, dando causa ao resultado.

Contudo, o senhor José, que ainda trazia consigo dúvidas com robustez suficiente para impedir a aceitação como sendo verdadeiras, as argumentações que encontrava nas palavras do filho somente o tranquilizaram quando recebeu a segunda mensagem, esta em 12 de maio de 1979, véspera do dia das mães, quando, então, Maurício "reafirma a presença das Leis de Deus no seu regresso à vida espiritual, isto é, não houve crime nem acaso, e sim consequências de leis cármicas, reflexos de vidas anteriores".

O juiz Orimar de Bastos, amparado pelas provas anexadas ao processo e seguro em sua conclusão profere a sentença, cujo trecho segue:

*

"No desenrolar da instrução, foram juntados aos autos recortes de jornal e uma mensagem espírita enviada pela vítima, através de Chico Xavier, em que na mensagem enviada do Além relata também o fato que originou sua morte".

Afirma ainda o magistrado que, de outubro de 1976 até esta data – 1979 –, "o feito teve andamento a passos de tartaruga, quando foi realizada a instrução, com as oitivas[14] das testemunhas indicadas pela acusação e defesa e, finalmente, a apresentação de razões finais.

Houve, desde o início, a inclusão de assistente de acusação, que teve função ativa nos autos...

Lemos e relemos depoimentos das testemunhas, bem como analisamos as perícias efetivadas pela especializada, e, ainda mais, atentamos para a mensagem espiritualista enviada pela vítima aos seus pais.

Fizemos análise total de culpabilidade, para podermos entrar com a cautela devida no presente feito sub judice, em que não nos parece haver o elemento dolo, em que foi enquadrado o denunciado, pela explanação longa que apresentamos. O jovem José Divino Nunes, em pleno vigor de seus 18 anos, vê-se envolvido no presente processo, acusado de delito doloso, em que perdeu a vida seu amigo inseparável Maurício Garcez Henrique.

Na mensagem psicografada retro, a vítima relata o fato isentando-o. Coaduna este relato com as declarações prestadas

---

14. Oitiva: *s.f.* informação que se transmite por ouvir dizer. Fonte: Dicionário Houaiss Eletrônico.

pelo acusado, quando do seu interrogatório, às fls.100/vs.", decidindo, pela primeira vez na história brasileira e talvez do mundo, com o surpreendente veredito: "Julgamos improcedente a denúncia, para absolver, como absolvido temos, a pessoa de José Divino Nunes, pois o delito por ele praticado não se enquadra em nenhuma das sanções do Código Penal Brasileiro, porque o ato cometido, pelas análises apresentadas, não se caracterizou de nenhuma previsibilidade. Fica, portanto, absolvido o acusado da imputação que lhe foi feita".

Esse foi o despacho do juiz Orimar de Bastos, em 16 de julho de 1979, numa segunda-feira, sem suspeitar que estava dando início a uma batalha jurídica sem precedentes na história do país.

Com essa decisão inédita, o caso tomou outro rumo.

Não conformado, o Ministério Público entrou com recurso, de ofício, "pleiteando a reforma da sentença" ou o seu encaminhamento à Instância Superior, no que o juiz Orimar, consciente de sua posição, não acatou a primeira proposta, sendo então o processo remetido ao poder competente para ser apreciado, tendo o Tribunal de Justiça, cinco meses depois, em 27 de dezembro, em acórdão registrado, e não obstante reconhecer a presença e o peso da psicografia juntada aos autos, decidido reformar a sentença do Juiz Orimar, afirmando às folhas '203': "Temos que dar credibilidade à mensagem de folhas 170, embora na esfera jurídica ainda não mereceu nada igual, em que a própria vítima, após sua morte, vem relatar e fornecer dados ao julgador para sentenciar".

Mais adiante, continua: "As provas admissíveis são: oral, colhida através de depoimentos em juízo, a documental e a pericial.

São espécies desses gêneros tradicionais as provas gravadas, filmadas, fotografadas e já se pode incluir a prova eletrônica, colhida em computador.

A psicografia é a escrita de um espírito pela mão do médium, segundo o espiritismo, o intermediário entre os vivos e a alma dos mortos ou desencarnados.

Ora, os juízes apreciam a eficácia das provas a eles submetidas, mas não podem estabelecer uma convicção que não lhes tenha sido dada por meio de vias e modos que a lei consagra expressamente. Assim, não pode decidir diante de informações recolhidas pessoalmente, fora das audiências e na ausência das partes.

(...)

Pelo exposto, nos termos do parecer da Procuradoria-Geral de Justiça, conheceram do recurso e lhe deram provimento para, reformando a decisão recorrida, pronunciar o acusado José Divino Nunes como incurso nas sanções do art. 121, *caput*, do Código Penal".

Por isso, seria então marcado um novo júri, motivado pela decisão do Tribunal de Justiça, que invalidou o julgamento anterior. Mas, antes mesmo de sua realização, o advogado que atuava como assistente de acusação contratado pela família, Diógenes de Oliveira Frazão, renunciou ao cargo, conforme pedido feito em 17 de abril de 1980, anexando ainda carta do senhor José Henrique, esclarecendo ao juiz do Tribunal do Júri, em longa dissertação, sobre as diversas mensagens psicografadas por Chico Xavier, do filho Maurício, fazendo inclusive referências a fatos e a diversas pessoas do Estado de

Goiás, das quais nunca ouviram falar, e que, na vida espiritual, se uniram com a finalidade de promover esse resultado que traria paz às famílias.

Um dos trechos dessa carta diz: "**Somente após dois anos de afastamento de Maurício do nosso convívio, e visitando Uberaba uma média de oito vezes por ano, assistindo à psicografia de centenas de cartas, vendo famílias de diversos pontos do país e do exterior receberem comunicados dos 'supostos mortos', num clima de emoção, saudade, dor e alegria, é que conseguimos pela primeira vez, pelas mãos santas de Francisco Cândido Xavier, receber uma mensagem do nosso Maurício, que, meritíssimo, nos abalou as estruturas e comoveu pessoas que se acotovelavam no Grupo Espírita da Prece, na cidade de Uberaba, pela espontaneidade, pela sinceridade e pelo seu alto espírito de desprendimento e de justiça, ao vir em socorro de seu amigo, e esclarecendo a verdade dos fatos, e que até desconhecíamos, porque nunca tivemos a coragem de ler o processo do caso**".

E no dia 2 de junho de 1980, uma segunda-feira, instalada a sessão de julgamento na 1ª Vara Criminal de Goiânia, após ser formalizada pela promotoria a acusação que pesava sobre os ombros de José Divino, foi-lhe pedida a condenação, mas os jurados, depois de examinarem os autos do processo, tomaram a surpreendente decisão, não só reconhecendo como verdadeira a mensagem de Maurício como absolvendo o réu, em votação secreta, por 6 votos a 1.

Como não houve unanimidade na votação, caberia ao promotor pleitear novo julgamento, mas não o fez, inclusive, surpreendeu os presentes logo em seguida da leitura da sentença pelo juiz que presidiu a sessão, afirmando: "A acusação foi feita com toda a honestidade. O júri é soberano e acatamos a decisão com humildade".

Mas, ainda assim, o caso não estava encerrado.

O procurador-geral de justiça do Estado de Goiás, doutor Manoel Nascimento, não concordando com a decisão do tribunal do júri e da posição do promotor de justiça, doutor Iran Velasco Nascimento, nomeou outro promotor da própria capital do Estado para a acusação devida, o qual, discordando da decisão anterior, apelou ao Egrégio Tribunal de Justiça, que, finalmente decidiu, em acórdão de 23 de outubro de 1980, pôr um ponto-final no arrastamento do processo.

Por unanimidade, foi negado provimento ao apelo do novo promotor de justiça e confirmada a decisão do júri popular que absolveu em definitivo José Divino Nunes, encerrando de vez o caso.

O senhor José Henrique, que após a primeira mensagem ainda não se conformara plenamente com o acidente, depois de recompor seus sentimentos e analisar as mensagens que tinha à sua disposição, trazendo detalhes que ninguém conhecia, além dos mais íntimos, fez esta afirmativa:

"Minha família e eu aceitamos a sentença [refere-se à primeira decisão do juiz Orimar], mas houve recurso e foi marcado novo júri. Escrevi uma carta pedindo a absolvição, o que terminou acontecendo (com o resultado de 6 votos a 1). Nem sequer fui até ao Fórum. Chico psicografou depois outras 20 mensagens. Então Maurício se calou durante anos. Voltou a escrever há dois meses, através de um médium chamado Júlio César. Impressionam as assinaturas das mensagens, praticamente idênticas às de Maurício. Nossa família era católica praticante – eu fui sacristão. Hoje, minha esposa Dejanira, seis de meus sete filhos – os que estão aqui – e eu, todos somos espíritas."[15]

UM DEPOIMENTO PESSOAL

De fato, trata-se de uma passagem especialíssima envolvendo o doutor Orimar de Bastos, juiz que atuou em dois casos no Estado de Goiás, com as forças da espiritualidade. O relato a seguir mostra o quanto a espiritualidade interfere e influencia nos casos terrenos e que, na grande maioria das vezes, a pessoa acaba não percebendo de que é o objeto da ação dos espíritos.

"Tenho a convicção de que fiz justiça" – declarou Orimar de Bastos, que não é espírita e na ocasião sofreu perseguição dos colegas de profissão. O juiz, hoje aposentado, contou um fato curioso por ele vivido ao redigir a primeira sentença.

"Havia batido à máquina as considerações iniciais e me lembro de ouvir o relógio da cidade (Piracanjuba) bater 21 horas. Não sei se entrei em transe, mas, quando dei por mim, estava escutando as badaladas das 24 horas. E a sentença estava pronta. Não me recordo de ter redigido nada. Levei um susto. Havia escrito, além das três páginas das quais me lembrava, seis sem sentir. E quando a gente

---

15. Esse episódio motivou a edição do livro *Lealdade*, psicografado por Francisco Cândido Xavier e Hércio Marcos C. Arantes, do Espírito Maurício Henrique Garcez. Araras: IDE – Instituto de Difusão Espírita, 1983.

batia à máquina, era comum cometer alguns erros de datilografia, mas nas últimas folhas não havia nenhum.

Fiquei intrigado e resolvi ir embora. No dia seguinte, ao me sentar no ônibus para reler a sentença antes de pronunciá-la, acabei dormindo. Eu havia absolvido o rapaz" – revelou.

A explicação para o fato, inclusive sobre o seu envolvimento nos dois casos, só veio depois, quando se encontrou com Chico Xavier. O médium mineiro psicografou uma mensagem do juiz Adalberto Pereira da Silva, desencarnado em 1951, na qual revelava a Orimar que a sua transferência para Goiânia havia sido planejada pelos benfeitores espirituais, para que também pudesse atuar no caso do Divino. O ex-juiz hoje ministra palestras em Goiânia sobre o caso e se prepara para lançar um livro no qual contará a história de sua decisão.

DOUTOR ORIMAR DE BASTOS COM CHICO XAVIER

Em Uberaba, quando em visita a Francisco Cândido Xavier, em 1º de outubro de 1979, dois meses e meio após o despacho conclusivo no processo que inocentava o réu José Divino, o médium recebeu mensagem tendo como destinatário Orimar de Bastos, detalhando os fatos vividos e citando pormenores que somente foram conhecidos posteriormente, após levantamento dos personagens e locais citados. A exposição dessa psicografia justifica-se em virtude da estranheza que se atribuiu a uma carta procedente de quem já não fazia parte da vida terrena e que acabou auxiliando no esclarecimento de um crime.

A psicografia trouxe a assinatura de Adalberto Pereira da Silva.[16]

"Meu prezado Orimar:

Deus vos ilumine.

Não estranhe o posicionamento a que você se viu conduzido pelas circunstâncias. Por trás das ocorrências construtivas existem alavancas de luz manejadas por mentores da vida comunitária, que objetivam o melhoramento do relacionamento entre os homens.

Quando forças inabordáveis determinaram a sua transferência para Goiânia, de 'nosso lado', o julgamento do jovem Maurício estava previsto,[17] com o intuito de acordarmos, através da justiça, os novos tempos para as verdades simples da vida.

O progresso tecnológico influenciou de tal modo a cultura cristã, impondo-lhe tantas deformidades pelo quase desapreço da

---

16. *Lealdade*, psicografado por Francisco Cândido Xavier e Hércio Marcos C. Arantes, do Espírito Maurício Henrique Garcez. Araras: (IDE) – Instituto de Difusão Espírita, 1983.

17. O doutor Orimar de Bastos foi quem julgou o processo de Henrique Emanuel Gregóris, na cidade de Hidrolândia, onde exercia o cargo. Transferido para Goiânia, foi convocado a substituir o juiz Ovídio Inácio. Coincidentemente, o processo de Maurício lhe foi dado a julgar. Essa suposta coincidência é agora explicada. O próprio juiz Orimar de Bastos, em entrevista ao jornal *Diário da Manhã* (Goiânia, em 17/9/1980, p. 9), apontou "algumas coincidências" ou "fatos pouco comuns", para os quais não atentou na época. O seu relato: "Eu era juiz da 6ª Vara Criminal, conforme todos sabem, e o processo corria na 2ª. Durante as férias forenses de julho/1979, fiquei de plantão por 15 dias, acumulando todas as varas criminais de Goiânia. Ninguém ignora que, em plantões como aquele são despachados apenas os processos de réus presos, o que não era absolutamente o caso de José Divino. No meio de mais ou menos 30 mil processos, me chega precisamente aquele, concluso, para sentença. Será que houve interferência de alguém ou do Além? Hoje, estou convencido de que existe algo superior e que houve de fato interferência do Alto, tendo sido eu o escolhido para proferir a histórica sentença".

Ciência pela Religião, que as mais nobres inteligências se deixam comandar por ilusões que depredam, de certo modo, todos os ingredientes para a edificação da Terra Melhor de Amanhã.

Poderes enormes são movimentados em torno da civilização no sentido de se lhe ajustarem os valores e esperamos que as investigações chamadas parapsicológicas possam canalizar para a mente humana a reafirmação dos princípios simples e básicos do Cristianismo.

Em verdade, conflitos gigantescos são travados em toda parte, nos quais o materialismo ousadamente se sobrepõe à fé para confundir-lhe os ensinamentos.

Os problemas das comunicações de massa exigem episódios e tarefas que nos reabilitem, no mundo físico, a confiança em Deus e o imperativo da prática das lições de Jesus e, por isso mesmo, o processo em que você atuou se elevou à condição de instrumento destinado a despertar milhares de criaturas, sob a hipnose de lamentáveis enganos.

Não se impressione quanto à carga de observações que, sem dúvida, lhe pesará mais intensivamente nos ombros, de vez que muitos companheiros temem a penetração da temática espiritual na jurisprudência. Efetivamente, a sentença que você exarou com segurança dispensava o concurso da mensagem mediúnica, na qual a 'vítima' inocenta o 'acusado'.

Entretanto, amigos presentes se detiveram a examinar as 100 e 170 do julgado,[18] induzindo seu espírito analítico e honesto a destacar

---

18. Estas folhas, que despertaram maior atenção dos juízes domiciliados no Mais Além, são as que registram, respectivamente, as declarações do acusado quando de seu interrogatório e a mensagem mediúnica de Maurício.

a importância de ambos os textos para confirmação do seu natural ponto de vista, e o resultado benéfico que surgirá de tudo é evidente. Unicamente aqui é que os nossos olhos conseguem divisar as dificuldades de múltiplas ações criminais, em que a penalogia dominante poderia apresentar agentes de misericórdia e compreensão que não comprometessem tanto as vias da comunidade, especialmente dos mais jovens, por vezes segregados indevidamente em longos períodos de isolamento carcerário, sem maiores razões.

Agradecemos a sua coragem, assumindo atitude perante as declarações do 'vivo' e do suposto 'morto' a destacar-lhe a importância. Creia que não estamos cogitando de proselitismo e sim de renovação espiritual para aqueles de ânimo e raciocínio amadurecidos para a nova época, que, aliás, ao que nos parece, ainda vem muito longe.

Continue estudando quanto possível todos os assuntos que se reportem à sobrevivência da criatura para além da experiência terrestre, porquanto pressionado cortesmente pelos próprios colegas, você será invejavelmente chamado a novos testemunhos de convicção cristã, porquanto é a Doutrina Cristã que se encontra em jogo, nos acontecimentos difíceis dos tempos que correm.

Uma penalogia mais completa se realiza no mundo sobre os alicerces da reencarnação e muitas provas sob nossa atenção na Terra não passam de sentenças cominadas por autoridades que não se domiciliam na Terra, e que conservam consigo o poder de organizar e deliberar sobre o destino e a dor no caminho dos seres.

Agradecemos a honestidade com que você não desertou da verdade dos fatos, quando poderia claramente contorná-los.

Aqui se identificam conosco muitos amigos, no mesmo regozijo por seu destemor sem imprudência e pelo seu equilíbrio sem omissão, que lhe valem agora o apreço e o carinho de milhões de pessoas.

Prossigamos.

Em nossa companhia se acham os amigos de elevado discernimento espiritual, quais sejam os nossos companheiros doutor João Augusto de Pádua Fleury,[19] Eduardo Cunha de Bastos,[20] Luiz de Bastos,[21] Monsenhor Joaquim Vicente de Azevedo,[22] Basílio Martins Braga de Serradourada,[23] doutor Manoel do Couto,[24] doutor Joaquim Gomes Machado,[25] Gregório Braz Abrantes,[26] padre Olímpio Pitaluga,[27] doutor Laudelino,[28] o médico, doutor João Nunes

19. Doutor João Augusto de Pádua Fleury (4/8/1831-6/11/1894) exerceu as funções de juiz de Direito em Pirenópolis-GO, desembargador em Goiás e Mato Grosso, chefe de Polícia em São Paulo e conselheiro do Império.

20. Eduardo Cunha de Bastos (25/7/1833-9/2/1894). Filho de Luiz de Bastos, foi coronel, fazendeiro e chefe político no Estado de Goiás.

21. Luiz de Bastos, major Luiz da Cunha Bastos, nascido na cidade de Goiás-GO, residiu muitos anos em Rio Verde-GO, onde militou na política.

22. Monsenhor Joaquim Vicente de Azevedo instalou, em 5/4/1879, a freguesia do Córrego das Antas, hoje Anápolis. Foi vigário geral, governador do bispado e deputado.

23. Basílio Martins Braga de Serradourada (23/5/1804-9/8/1874). Nascido na cidade de Goiás-GO, foi tenente, compositor de música sacra e fez parte da Associação Filantrópica para a Libertação dos Escravos.

24. Doutor Manoel do Couto (29/4/1869-9/1/1953). Dentista, formado em Ouro Preto-MG, exerceu a profissão na cidade de Goiás-GO, sua terra natal.

25. Doutor Joaquim Gomes Machado – não identificado.

26. Gregório Braz Abrantes, batizado em 30/10/1812, em Meia Ponte-GO (hoje Pirenópolis), com o nome de Gregório da Silva Abrantes, foi funcionário público federal e pai do famoso marechal goiano Braz Abrantes.

27. Padre João Olímpio Pitaluga (1895-1970). Natural de Vila Boa (hoje Goiás-GO), ordenou-se em 1927, sendo nomeado secretário do bispado. Veio para Anápolis em 1932 e foi o primeiro vigário da paróquia do Bom Jesus, criada em 1935. Prestou à cidade, no setor educacional e social, relevantes serviços. (Humberto Crispim Borges. *História de Anápolis*. 2. ed. Cerne de Goiânia-GO, 1975.).

28. Doutor Laudelino Gomes, médico na cidade de Anápolis e deputado federal por Goiás. Faleceu em 8/1/1937.

da Silva[29] e tantos outros amigos e familiares, incluindo o seu irmão Eno Omar,[30] o irmão Argenta,[31] o amigo Henrique Gregóris, o próprio Maurício Garcez Henrique, o irmão Antenor Amorim,[32] o doutor Luiz do Couto[33] e muitos associados de ideal que se nos afinam com os propósitos de encorajá-lo em sua nova estrada para a frente. Decerto não lhe pedimos uma devoção crônica ao assunto, suscetível de parecer uma introdução ao fanatismo, mas sim, a mente aberta para os horizontes das realidades espirituais, cuja luz, verdadeiras legiões de obreiros do bem tentam hoje acender no caminho das criaturas.

Persista em sua firmeza de caráter e sigamos em frente na certeza de que a revivescência dos ensinamentos de Jesus é na atualidade um tema a ser reexaminado e anatomizado com prudência e carinho, a fim de que não venhamos a perder tantas conquistas espirituais laboriosamente conquistadas pelo homem, de século a século.

---

29. Doutor João Nunes da Silva exerceu, em Goiás, as funções de tesoureiro da Fazenda, secretário do Tribunal de Relações, comandante da Guarda Nacional da província, juiz municipal da capital e deputado provincial. Faleceu no Rio de Janeiro.

30. Eno Omar de Bastos (27/5/1942-8/4/1963), irmão do doutor Orimar, era natural de Goiânia, e, quando faleceu, cursava Contabilidade.

31. Hugo Argenta (5/9/1902-1/10/1967). Sogro do doutor Orimar. Natural de Araguari-MG, transferiu-se para Goiás, onde exerceu as profissões de carpinteiro e inspetor de alunos. Na política, foi vereador, chegando à presidência da Câmara.

32. Antenor de Amorim (1875-1948), goiano de Pirenópolis, foi o primeiro comandante da Guarda Civil, em Goiânia. Ocupou os altos cargos de senador e vice-governador do Estado de Goiás, vindo a falecer no Rio de Janeiro. Da espiritualidade, já enviou várias cartas aos familiares, publicadas no livro *Enxugando lágrimas*, de Francisco Cândido Xavier e Elias Barbosa, IDE – Instituto de Difusão Espírita de Araras, 1998.

33. Doutor Luiz Ramos de Oliveira Couto (6/4/1884-20/6/1948), natural de Goiás, foi juiz de Direito, jornalista e poeta, membro da Academia Goiana de Letras.

O nosso mentor e amigo doutor João Augusto de Pádua Fleury foi o principal companheiro na apreciação do processo Maurício e nos recomenda lhe seja dito que toda a sua argumentação em torno do artigo 15 do Código Penal está estruturada com absoluta segurança, para afastar qualquer intenção de culpabilidade ao acusado, pelo que deve o seu pensamento descansar sobre a base legal de sua declaração absolvendo o réu e cumprimenta em você um colega dedicado ao bem e digno por seu próprio caráter para receber o impacto das atuais atenções públicas, permanecendo em sua posição de defensor do bem e julgador de qualquer incidente ligado aos problemas da periculosidade do homem, e o espírito de equidade a iluminar-lhe as resoluções.

Todos rogamos ao Senhor – O Justo Juiz – por sua paz extensivamente à família querida e aos amigos dedicados, permanecendo todos nós a postos, nas lides edificantes em que nos reconhecemos engajados pelos Poderes Maiores que nos governam a vida, a fim de, analisando os processos do campo social, melhorem, quanto possível, as paixões da fé viva em Deus e na dignidade humana.

Que Deus o abençoe e fortaleça, conduza e inspire são os nossos votos.

Adalberto Pereira da Silva"[34]

Para que se compreenda a mensagem psicográfica com a clareza pretendida, é preciso elucidar as citações feitas, conforme exposição do próprio livro *Lealdade*, aqui já citado.

---

34. Doutor Adalberto Pereira da Silva (1889-1951). Viveu em Anápolis-GO e, além do magistério e da advocacia, exerceu o cargo de Intendente (governante do município), de 1927 a 1930, época em que lançou o primeiro jornal da cidade: *O Correio de Anápolis*. Foi juiz de Direito nas cidades goianas de Posse e Piracanjuba.

O alcance deste acontecimento ultrapassou as fronteiras do Brasil.

Reportagens pela TV, rádios e jornais eram vistas com frequência, tal a propagação do feito, que chamou a atenção de juristas, leigos, céticos e religiosos, alguns inclusive inconformados com a modalidade de prova apresentada em juízo, por meio da psicografia, nunca antes verificada em tribunal algum, pelo menos da forma como o foi.

3º CASO: GILBERTO CUENCAS DIAS: VÍTIMA BENEDITO MARTINIANO FRANÇA: RÉU INOCENTADO

Na manhã de domingo de 28 de outubro de 1979, quando poderia ser um dia de puro lazer na Colônia de Férias do Clube dos Oficiais da Polícia Militar do Estado de São Paulo, em Campos do Jordão-SP, na região do Vale do Paraíba, o paulistano Gilberto Cuencas Dias, então com 37 anos, encontrou a morte, nas mãos de Benedito Martiniano França, assassinado a golpes de faca.

O pintor 'Bentinho', como era conhecido o réu, estava voltando de um churrasco de que tinha participado, na Gruta dos Crioulos, naquela cidade, e, de passagem, queria mostrar para a esposa e uma vizinha que o acompanhavam, as instalações daquela tranquila colônia.

Quando já se achava de saída daquele lugar, após tomar uma cerveja no bar da instituição, seu veículo quase encostou em José Militão Lemes Coura Filho, que ali se achava hospedado juntamente com o cunhado Gilberto Cuencas, que se fazia acompanhar da esposa Maria Salete e do filho Gilberto, com 12 anos.

O que era para ser um momento de paz transformou-se em tragédia, pois, durante a acalorada discussão travada entre Bentinho e José Militão, este desferiu uma bofetada no rosto de Bentinho, que correu para seu veículo e, de lá, retirando uma faca que havia utilizado no churrasco, voltou-se contra seu agressor, encontrando junto dele mais um oponente, o cunhado Gilberto, que acabou sendo esfaqueado no abdômen, caindo mortalmente ferido. Todo esse quadro transcorreu a poucos metros e à vista da esposa e do filho. Gilberto, transportado às pressas para a Santa Casa, foi operado, mas não resistiu aos ferimentos, falecendo na mesa de operação.

De acordo com o próprio advogado, Pedro Paulo Filho,[35] defensor de Benedito, a situação não estava nada cômoda: "A esposa do falecido e seu filho contrataram dois famosos advogados criminalistas paulistanos para auxiliar o promotor de justiça na acusação contra meu cliente. O embate na justiça ficou desigual: um defensor e três acusadores".

Benedito foi denunciado pela justiça pública pelo cometimento do homicídio, classificado como doloso, por motivo fútil, perante o Juízo Criminal de Campos do Jordão.

De acordo com o doutor Pedro Paulo, "O processo criminal transitou durante anos pela comarca, com inúmeros incidentes e diligências processuais". Uma bela noite, a testemunha Ivan Gabriel Covelli telefonou-lhe para contar: "Estou recebendo, de presente, o livro *Correio do Além*, psicografado pelo médium Francisco Cândido Xavier. Dentre as inúmeras mensagens espirituais psicografadas

---

35. Pedro Paulo Filho. *Estórias e lendas do povo de Campos do Jordão*. São Paulo: O Recado, 1988.

pelo grande médium de Uberaba, há várias transmitidas pelo espírito de Gilberto Cuencas Dias, aquele senhor que foi assassinado pelo Bentinho, aí na Colônia de Férias".

Surpreso com a notícia, o defensor do réu pediu ao amigo o livro emprestado e constatou ser todo ele "constituído por mensagens diversas de entes queridos, endereçadas do plano espiritual a corações amigos domiciliados no plano físico".[36]

De fato, em 26 de janeiro, praticamente três meses após a irreparável perda, a esposa Maria Salete recebeu a primeira mensagem, onde é reconfortada: "Pedi com insistência a oportunidade que estou mobilizando, para rogar a paciência e fé viva em Jesus, ao seu carinhoso coração de companheira".

Mas foi na terceira comunicação de Gilberto, ocorrida em 17 de julho de 1982, também por meio de Chico Xavier, que trouxe à esposa Salete, como ele a chamava, alento às suas preocupações saudosas e orientação para os novos rumos na conduta do processo. Eis uma parte da carta:

"Querida Salete, peço a Deus nos abençoe. Estamos nós dois aqui com os mesmos pensamentos.

Desejo referir-me à nossa preocupação pelas atitudes do nosso querido Gilberto, à frente do júri que, talvez, se realize muito em breve, com o tema de minha desencarnação. Até hoje nos achamos surpresos diante da ocorrência. Um passeio para entretenimento familiar, um grupo de amigos, a alegria da união fraterna e um projétil que me alcançou sem que eu pudesse concluir quanto à

---

36. Francisco Cândido Xavier. *Correio do Além*. Espíritos diversos. São Paulo: Cultura Espírita União, 1983.

razão de ser daquele atentado que, decerto, se prende a resgates nossos por débitos no arquivo passado.

(...)

Acontece que o nosso irmão será julgado em ocasião que nos parece próxima e não desejo que você e nosso filho participem de qualquer peça condenatória.

(...)

Renovada pelos nossos próprios sofrimentos, você sabe compreender e julgar os acontecimentos em profundidade. Sei que você fitará o nosso companheiro infeliz tocada de compaixão, rogando a Deus o restitua à liberdade de cidadão prestimoso e correto.

Rogo, assim, ao nosso Gilberto que apoie nossos desejos de ver nosso irmão desventurado em paz com todos, novamente liberado de quaisquer culpas que, na essência, não existem.

Peço ao Gilberto silenciar, em qualquer argumento em que sinta a necessidade de se definir pela censura ao gesto de que fui vítima. Explique, Salete, ao nosso filho que a morte não se resgata com a morte e que a dor não se cura criando novas dores para os que integram a caravana familiar."

No fim de 1987, oito anos após, Bentinho foi submetido a júri pelo crime doloso. Com a presença desse fato novo representado pela psicografia, o quadro que se visualizou já não era o mesmo, e o sentimento de cada jurado mostrou reconhecimento em face da mensagem de Gilberto Cuencas Dias à sua esposa, por meio da mediunidade de Chico Xavier.

"Quando o acusado sentou-se no banco dos réus para ser julgado por homicídio no tribunal do júri de Campos do Jordão, não havia mais nenhum acusador particular contratado pela família. Só o promotor de justiça pediu a sua condenação. O pedido da vítima dirigido aos seus familiares, por via da psicografia de Francisco Candido Xavier, foi atendido.

O réu foi absolvido, por unanimidade, pelos jurados jordanenses", afirma o advogado de defesa, doutor Pedro Paulo Filho.

4º CASO: GLEIDE MARIA DUTRA MARCONDES FERNANDES DE DEUS: VÍTIMA JOSÉ FRANCISCO MARCONDES FERNANDES DE DEUS: RÉU BENEFICIADO

Em Campo Grande, capital do Estado do Mato Grosso do Sul, no início da madrugada de sábado, em 1º de março de 1980, um acontecimento grave abalaria a estrutura de um lar, e a própria comunidade, e envolveria o uso da psicografia como fator coadjuvante à formação de convicção.

Mais um fato que teria repercussão na esfera jurídica delineava-se naquele momento e daria motivos para discussões e embates que se alongariam por dez anos, ocupando espaço na imprensa.

Os personagens desta história são a ex-Miss Campo Grande em 1974, Gleide Maria Dutra, com 24 anos e seu marido João Francisco, com 25 anos, casados havia 11 meses. De acordo com o extrato dos depoimentos prestados inicialmente à polícia, João Francisco e a esposa Gleide haviam acabado de chegar a casa, vindos de um encontro social na casa de amigos, por volta da 0h30 de sábado. Enquanto Gleide estava sentada na beirada da cama, seu marido, em pé, tirava a arma da cintura para guardá-la, momento em que ocorreu o disparo, indo o projétil alcançar o pescoço da esposa, atravessando-lhe a garganta.

A vítima, que caíra no chão, foi socorrida ao hospital pelo próprio marido, onde ficou internada em terapia intensiva por seis dias, com seu estado se agravando até o dia 7 de março, quando se deu o óbito.

Com pouco mais de quatro meses do acidente, João Francisco foi a Uberaba e obteve, com Chico Xavier, mensagem psicografada constituída de 41 páginas, onde a esposa Gleide dizia estar preocupada com a situação de seu marido e relatando pormenores do caso: "Não pude saber e compreendo que nem você próprio saberia explicar de que modo o revólver foi acionado de encontro a qualquer pequenino obstáculo e o projétil me atingia na base da garganta. Somente Deus e nós dois soubemos que a realidade não foi outra. Recordo a sua aflição e o seu sofrimento buscando socorrer-me, enquanto eu própria me debatia querendo reconfortá-lo sem possibilidades para isso (...)". Mais adiante disse: "O tempo cicatrizará as feridas que ainda sangram e você com a sua bondade triunfará... Um acidente do mundo não aniquila o sentimento da alma e para mim você é sempre o esposo amigo e devotado irmão que me proporcionou a maior felicidade, na alegria da esperança e na vontade de viver".

A família de Gleide, como não poderia deixar de ser, inconformada com o fatídico desfecho de sua vida, contratou dois advogados para a acusação, atuando com o promotor de justiça de Campo Grande, tendo o processo se desenrolado na 1ª Vara Criminal. Os advogados de defesa Ricardo Trad e Marcello Geraldo Trad apresentaram durante os meses que se seguiram, cópia da psicografia e outros documentos de interesse na comprovação de inocência de João Francisco, objetivando a desclassificação da infração do dolo para a culpa, numa sequência de recursos e troca de acusações, sendo então marcada a data do julgamento para o dia 27 de junho de 1985, quinta-feira.

Nesse dia, às 23h45, João Francisco conheceu a sentença: por sete votos foi absolvido da acusação que lhe pesava nos ombros. Mas o final ainda estava longe.

Tanto o promotor quanto os advogados que o auxiliavam na acusação entraram com recurso no Tribunal de Justiça do Estado, requerendo o cancelamento da decisão do júri, em face das provas apresentadas, e solicitando novo julgamento, que foi marcado para 5 de abril de 1990, quase cinco anos depois do primeiro júri e dez após a morte de Gleide.

Dessa vez, na madrugada do dia 6 de abril de 1990, sexta-feira, João Francisco foi condenado a um ano de detenção, por 6 votos a 1.

Esse processo, pela sua natureza excepcional, em virtude da presença polêmica do "sobrenatural" e do "extraterreno", como disse a acusação, mereceu ficar exposto por três anos na área de Historiografia do Tribunal de Justiça de Campo Grande-MS, sendo posteriormente recolhido ao arquivo geral, onde permanece.

5º CASO: HEITOR CAVALCANTI DE ALENCAR FURTADO: VÍTIMA APARECIDO ANDRADE BRANCO: RÉU BENEFICIADO

Na cidade de Mandaguari, no norte do Estado do Paraná, em 22 de outubro de 1982, na madrugada de uma sexta-feira, outro caso de homicídio com grande repercussão envolveu o deputado federal Heitor Cavalcante de Alencar Furtado, então com 26 anos, e como acusado o policial civil Aparecido Andrade Branco, conhecido por "Branquinho".

Heitor era filho do deputado federal Alencar Furtado e também fazia parte do Congresso Nacional, pois, aos 21 anos, fora eleito deputado federal e estava em final de mandato, percorrendo cidades de seu Estado, em campanha política.

Como o então deputado Alencar Furtado fora cassado em 30 de junho de 1977, após pronunciamento na televisão, dias depois, a esposa, dona Miriam, lançou o nome do filho para tomar o lugar do pai. As eleições seriam realizadas em novembro do ano seguinte. A ideia vingou, Heitor candidatou-se e chegou a Brasília como o mais novo deputado daquela legislatura.

Buscando a reeleição, Heitor estava em viagem pelo interior, na companhia de dois colaboradores, Dirceu e Fábio, este último, seu primo. Como estavam cansados e em razão do adiantado da hora, resolveram dormir no próprio interior do veículo, estacionado no pátio de um posto de gasolina às margens da rodovia Maringá-Londrina, naquele Estado.

Como o posto já fora objeto de assalto recente, e estando nesse local o policial Aparecido e mais dois companheiros promovendo a segurança, ao se aproximar do automóvel Fiat estacionado com três ocupantes, Aparecido disparou um único tiro, que atingiu Heitor no peito, alcançando-lhe o coração e provocando-lhe a morte imediata.

Políticos e militares, em notas de protesto, exigiam a pronta elucidação do crime.

Milhares de pessoas acompanharam o enterro do parlamentar, que se transformou numa das maiores manifestações políticas registradas no Estado.

O deputado federal Freitas Nobre (hoje falecido) e então líder do PMDB na Câmara, que fora ouvido em Brasília por carta precatória, conheceu a mensagem recebida por Chico Xavier, procedente de Heitor, na qual a vítima atribuía a acidente o disparo da arma que o matou na madrugada de 22 de outubro de 1982,[37] afirmando ser a psicografia autêntica, a mesma posição dada pelo pai, Alencar Furtado, que admitiu ter estado pessoalmente com o médium em Uberaba, fazendo ainda, de acordo com a nota da imprensa, "a desconcertante assertiva de que as declarações contidas na carta são do filho".[38]

Na ocasião, o juiz local não se considerou em condições de conduzir o julgamento, havendo necessidade da presença de magistrado de Maringá, cidade próxima, doutor Miguel Thomaz Pessoa Filho, designado especialmente para assumir o caso.

O salão do fórum de Mandaguari destinado ao júri era pequeno e não comportava mais de 80 pessoas, e o público que queria assistir ao julgamento era demasiado grande, de algumas centenas mais, o que implicou acompanhar o desenrolar dos fatos pelo lado de fora. Senhas foram distribuídas para o controle de acesso à sala do júri.

---

37. Anuário Espírita de 1985 – IDE – Instituto de Difusão Espírita – Araras-SP.

38. Revista *Isto É*. n. 406, 3/10/1984, p. 26.

Como o efetivo disponível da Polícia Militar em Mandaguari era suficiente para controlar a massa humana presente àquele acontecimento ímpar na cidade, foi preciso reforço para que a tropa pudesse atender às necessidades de ação, caso precisasse intervir antes e durante todo o período do julgamento, pois a batalha entre o Ministério Público, os advogados da acusação e os defensores, que teve início na tarde de 25 (terça-feira), prolongou-se por cerca de 33 horas, encerrando-se somente perto das três horas de 27 de setembro de 1984 (quinta-feira), após inúmeros tumultos e várias interferências médicas, em virtude dos diversos problemas de saúde, inclusive com a defesa.

O advogado de defesa Cylleneo Pessoa Pereira, com autorização do juiz, distribuiu cópias da psicografia de Heitor, da lavra de Chico Xavier, que contribuiu para que o juiz atribuísse o crime de homicídio qualificado para homicídio simples.

Um dos trechos da mensagem de Heitor aos pais, dentre outras particularidades e questões pessoais da família, obtida em reunião pública do Grupo Espírita da Prece, em Uberaba, em 11 de dezembro de 1982, diz:

"O que se seguiu sabem todos: os homens armados chegaram com vozes altas. Acordei surpreendido e notei, mais com a intuição do que com a lógica, que os recém-chegados eram pessoas inofensivas, tão inofensivas que um deles tocou a arma sem saber manejá-la. O projétil me alcançou sem meios-termos e, embora o tumulto que se estabeleceu, guardei a convicção de que o tiro não fora intencional. O olhar ansioso daquele companheiro a desejar socorrer-me sem qualquer possibilidade para isso não me enganava."

(...)

"Formulo votos aos poderes divinos para que o acontecimento seja assinalado sem qualquer conotação política, de vez que o Fábio e eu repousávamos por alguns momentos ao lado de gente pacífica, mas naturalmente receosa de contato com aventureiros que enxameiam por aí."

"Espero que o seu ânimo, pai amigo, prossiga com firmeza para adiante. Vejo-o em companhia de nosso amigo Freitas. Caminhem para a frente contornando as pedras da marcha sem dinamitá-las, enquanto prossigo aqui na direção da frente, rodeando os obstáculos sem a ideia de eliminá-los de vez. O tempo não falha, e o espírito de serviço nunca se engana. Avancemos agora nessas bases de lealdade a nós mesmos, sem desconhecer o espírito de sequência que rege todas as realizações."

Por 5 votos a 2 o tribunal do júri da cidade de Mandaguari decidiu que o tiro disparado contra o deputado federal Heitor Alencar Furtado, feito com a arma portada pelo policial civil Aparecido de Andrade Branco, conhecido por "Branquinho", foi acidental, possibilitando ao juiz Miguel Thomaz Pessoa Filho estabelecer ao réu a pena de oito anos e vinte dias de reclusão.

O promotor de justiça João Francisco de Assis prometeu recorrer da sentença, afirmando que "A decisão contraria os autos e teve como base uma mensagem psicografada, que não tem valor legal".

A defesa não se manifestou e o pedido do Ministério Público foi ao Tribunal de Justiça do Estado do Paraná, que votou pela manutenção da decisão do júri, ratificando a pena imposta a "Branquinho".

6º CASO: NIOL NEY FURTADO DE OLIVEIRA: VÍTIMA NILO ROLAND FURTADO DE OLIVEIRA: RÉU INOCENTADO

Gurupi, cidade que pertenceu ao Estado de Goiás e que hoje faz parte do Estado de Tocantins,[39] tem também um caso em que houve influência do outro plano.

Os irmãos Nilo Roland Furtado de Oliveira (nascido em 10/12/1948), fazendeiro, e Niol Ney Furtado de Oliveira (nascido em 1º/1/1953), cirurgião-dentista, ambos casados, encontravam-se na casa dos pais para a confraternização da passagem de ano-novo, de 1982/1983, e também para a comemoração do aniversário de Niol Ney.

Os relatos dão conta de que, no início da madrugada de ano-novo (1983), ambos discutiram por motivos ignorados, sendo que Niol Ney acalmava o irmão Nilo, que se achava nervoso. Em dado momento, de acordo com os autos e depoimentos, ambos se atracaram e Nilo, empunhando uma faca de cozinha, acabou por ferir Niol, na altura do lado esquerdo do abdômen, conforme laudo respectivo.

39. O Estado de Tocantins foi criado pela Constituição Federal de 5/10/1988 e instalado oficialmente em 1º/1/1989, sendo a cidade de Gurupi, às margens da BR-153 – Belém–Brasília, um dos seis maiores municípios.

A vítima, que completava 30 anos no dia dos fatos, chegou a ser socorrida e submetida a delicada cirurgia, mas não resistiu, vindo a falecer às 21 horas do dia imediato, 2 de janeiro de 1983.

Pouco mais de dois meses após o acontecimento que enlutou a família, em 18 de fevereiro, Francisco Cândido Xavier recebeu, na cidade de Uberaba, mensagem[40] do outro lado da vida, da parte de Niol, dizendo não estar em paz com o ocorrido e inocentando o irmão.

Num dos trechos Niol afirma que "(...) há precisamente 18 dias que não consigo harmonizar-me para o repouso de que necessito, porque preciso pedir ao querido irmão Nilo para que viva tranquilo e sem qualquer amargura no coração".

(...)

"Não se concentre naquelas horas fúteis para nós ambos, em que eu não estava em mim, quanto você não se achava em você mesmo. Nilo, estou bem. Apenas em tratamento e, creia, tudo farei, quanto eu puder, para auxiliá-lo."

(...)

"Preciso ver meu irmão Nilo, meu companheiro e amigo, plenamente bem. Recebam todos de casa os meus agradecimentos, com a notícia de que estou retomando a saúde espiritual.

Agora, querido Nilo, seu irmão Niol conseguirá repousar, sou eu que lhe pede perdão e sei que você me desculpará. Viva sim, viva para nós que tanto necessitamos de você e receba com os nossos pais queridos o abraço de muito afeto e de muitas saudades de seu irmão reconhecido".

---

40. Anuário Espírita de 1988 – IDE – Instituto de Difusão Espírita – Araras-SP.

Esta mensagem mediúnica foi impressa e distribuída por iniciativa da família.

Como a carta foi encaminhada aos pais de ambos, a pedido do advogado de defesa Mário Antônio Silva Camargo, o juiz de Gurupi solicitou que Francisco Cândido Xavier fosse ouvido por precatória na cidade de Uberaba. O médium foi convocado e afirmou que recebe as informações do outro lado e as repassa para os interessados, sem que isso implique conhecer as partes. "Só vim a saber da carta quando recebi a intimação da justiça e li uma transcrição dela no jornal. Não conheço a cidade de Gurupi nem os dois irmãos. Mensagens como essa são acontecimentos comuns para mim, todas as semanas, acredite quem quiser".

7º CASO: PAULO ROBERTO PIRES: VÍTIMA
VALDINEI APARECIDO FERREIRA: RÉU
EDMILSON DA ROCHA PACÍFICO: RÉU
JAIR ROBERTO FELIX: RÉU
MILTON DOS SANTOS: RÉU INOCENTADO

Com sete volumes, este caso de homicídio registrado em Ourinhos-SP, município localizado a cerca de 380 quilômetros a sudoeste da Capital paulista, teve seu desfecho em 8 de novembro de 2007, uma quinta-feira, após 14 horas de julgamento.

Tudo aconteceu na noite de 22 de abril de 1997, quando o comerciante de automóveis Paulo Roberto Pires, de 50 anos, casado com Vera Lúcia Gomes Pires e pai de um casal de filhos, conhecido como 'Paulinho do Estacionamento', tomava cerveja em um bar na cidade e foi executado com dezoito tiros efetuados por dois homens desconhecidos que acabavam de chegar.

Pelos depoimentos das testemunhas, apurou-se depois que os homicidas desceram de um veículo parado nas imediações do bar, para lá se dirigiram rapidamente efetuando os disparos contra a vítima, e, após o crime, retornaram ao mesmo veículo e fugiram tomando rumo ignorado.

Depois de dois anos e com o homicídio ainda sem autoria definida, pois fora arquivado em outubro daquele mesmo ano (1997), eis que Valdinei Aparecido Ferreira, vulgo 'Pudim', então com 26 anos, entregou-se à polícia e confessou que os autores da morte do comerciante Paulinho eram Jair Roberto Felix, vulgo 'Nego', e Edmilson da Rocha Pacífico, vulgo 'Cachorrão'. Ambos foram trazidos por ele da cidade de Osasco para Ourinhos com essa finalidade e que a arma para o crime também era sua, bem como o automóvel utilizado.

Valdinei perdera dinheiro com negócios de automóveis na cidade, quando o comerciante Paulinho, segundo seu depoimento, lhe teria dado prejuízo e, por isso mesmo, o havia ameaçado anteriormente. E foi mais além: apontou Milton dos Santos, então com 48 anos, concunhado da vítima, como o verdadeiro mandante da execução.

Em 16 de agosto de 2001, o tribunal do júri condenou Valdinei a 14 anos e dois meses de prisão e Jair Felix, a 14 anos. Edmilson, numa briga morreu na prisão, antes mesmo de sua condenação.

O processo continuou seu curso normal, arrolando Milton como incurso nas penalidades da lei que o colocavam na condição de homicida.

Somente em maio de 2007 é que os advogados de Milton requereram a juntada de vários documentos que se constituíam de fatos novos, inclusive uma carta psicografada de Paulinho falando de sua nova situação no outro plano e colocando seu concunhado Milton na condição de liberto de qualquer acusação que pudesse incriminá-lo, como ele próprio o disse na mensagem: "(...) sem que eu possa estar no corpo físico para falar de mim mesmo defendendo o Milton dos impositivos da justiça terrena que parecem conspirar contra a paz de nossos familiares".

A mensagem que o advogado Marco Antônio Martins Ramos juntou aos autos, foi obtida na Associação Espírita Fraternidade, de Ourinhos, que, em junho de 2004, recebeu a presença do médium Rogério H. Leite, da cidade de Lorena, extremo leste da Capital paulista, para atendimento fraterno e mediúnico ao público, quando oito psicografias foram recebidas, e uma delas coube à família de Paulo Roberto Pires.

Na mensagem, Paulinho, como era conhecido o vendedor de automóveis, passou conforto e alguns sentimentos, conforme trechos aqui reproduzidos do original de 11 páginas psicografadas, de números 1262 a 1272, anexas ao sexto volume:

"Eunice, Vera Lúcia, Juninho, Ana Paula, queridos meus, sirvo-me do presente momento em que o amparo dos benfeitores desta casa me apoiam na escrita e busco de todas as formas, servindo-me do instrumento físico que me auxilia para registrar meus pensamentos, ainda que eu saiba que os meus escritos, por estarem vindo destes mecanismos, encontrarão forte resistência por parte daqueles que se habituaram com o Paulo que fui.

(...)

Talvez seja esta a maior surpresa que nos aguarda além-túmulo. Continuarmos a existir, com a diferença de que daqui observamos melhor os fatos que poderiam ter sido evitados..., pela nossa falta de vigilância ou mesmo de ganância pelos bens materiais.

(...)

Estou na condição de homem que se defronta com sua própria consciência e se vê na obrigação de atenuar o mal que aos poucos vai se consumando sem que eu possa estar no corpo físico para falar por mim mesmo, defendendo o Milton dos impositivos da justiça terrena que parecem conspirar contra a paz dos nossos familiares...

(...)

Paguei um preço que de certa forma merecia; nada acontece por acaso, restando-me aguardar que a justiça terrena cumpra sua parte porque Deus, certamente cumprirá a sua.

De que me valeu uma prosperidade falsa se na minha ausência física ela não foi capaz de dar paz aos meus familiares, transferindo a consequência de minhas faltas a todos?

(...)

Que os culpados pela minha morte do corpo paguem suas culpas porque eu também, deste outro lado, tenho tentado desfazer-me das minhas. Se esta carta que escrevo por estes métodos que nunca imaginei servirem para algo, que inocente o Milton, para que ele prossiga a sua vida aproveitando-se da observação dos fatos para dirigir os destinos de sua família.

(...)

Por hoje devo encerrar. O tempo que me foi permitido foi mesmo esse.

Pedindo o meu perdão pelas faltas e rogando a Jesus, este mesmo Jesus de quem me mantive afastado procurando no ouro minha fonte de ilusão, que tudo termine bem e a justiça prevaleça.

(...)

Sou o pai, o tio, o irmão que espera deste outro lado a paz que naturalmente não obtive por minha própria negligência."

Na manhã da quinta-feira, 8 de novembro de 2007, com o plenário da 1ª Vara Criminal de Ourinhos-SP reunido para apreciar o caso, sob a presidência da juíza Raquel Grellet Pereira Bernardi, tendo como promotor de justiça Sílvio da Silva Brandini, a mobilização dos envolvidos era plena, desejando cada um o sucesso de seu objetivo.

Após os advogados Marco Antônio Martins Ramos e José Roberto Mosca procederem à defesa de Milton, afirmando que a psicografia se constituía apenas como mais uma das provas apresentadas, o Tribunal do Júri reuniu-se decidindo pela absolvição do réu, por 5 votos a 2, sendo considerado inocente da acusação que lhe pesava.

O representante do Ministério Público, doutor Sílvio da Silva Brandini, conhecendo o teor da psicografia absteve-se de pleitear um novo julgamento, ficando a decisão soberana dos jurados como marco final nesta história que se prolongou por mais de dez anos.

8º CASO: ERCY DA SILVA CARDOSO: VÍTIMA
LEANDO ROCHA DE ALMEIDA: RÉU
IARA MARQUES BARCELLOS: RÉ

Em Viamão, cidade gaúcha da Grande Porto Alegre, a morte do cartorário Ercy da Silva Cardoso, com dois tiros na cabeça, ocorrida em 1º de julho de 2003, era atribuída a Iara Marques Barcelos, com quem vivera até 1996. A mulher era acusada de ser a mandante do crime, ordenando que o caseiro Leandro Rocha de Almeida cometesse a execução por R$ 20 mil. Em carta psicografada, datada de 22 de fevereiro de 2005, Ercy lamentou que Iara Marques sofresse injusta acusação e a inocentou.

Os jurados, após tomarem conhecimento do conteúdo dessa mensagem que inocentava Iara, e de outras provas juntadas ao processo, absolveram a ré por 5 votos a 2.

Ainda em 2005, o caseiro Leandro foi condenado à pena de 15 anos de prisão.

Conforme o que foi noticiado à época, "Duas cartas psicografadas foram usadas como argumento de defesa no julgamento em que Iara Marques Barcellos, 63, foi inocentada, por 5 votos a 2, da acusação de mandante de homicídio. Os textos são atribuídos à vítima do crime, ocorrido em Viamão (região metropolitana de Porto Alegre).

O advogado Lúcio de Constantino leu os documentos no tribunal, na última sexta, para absolver a cliente da acusação de ordenar o assassinato do tabelião Ercy da Silva Cardoso.

Polêmica no meio jurídico, a carta psicografada já foi aceita em julgamentos e ajudou a absolver réus por homicídio.

'O que mais me pesa no coração é ver a Iara acusada desse jeito, por mentes ardilosas como as dos meus algozes (...). Um abraço fraterno do Ercy', leu o advogado, ouvido atentamente pelos sete jurados.

O tabelião, 71 anos na época, morreu com dois tiros na cabeça em casa, em julho de 2003. A acusação recaiu sobre Iara Barcellos porque o caseiro do tabelião, Leandro Rocha Almeida, 29, disse ter sido contratado por ela para dar um susto no patrão, que, segundo ele, mantinha um relacionamento afetivo com a ré. Em julho, Almeida foi condenado a 15 anos e 6 meses de reclusão, apesar de ter voltado atrás em relação ao depoimento e negado a execução do crime e a encomenda.

SESSÃO ESPÍRITA

"Não consta das cartas, psicografadas pelo médium Jorge José Santa Maria, da Sociedade Beneficente Espírita Amor e Luz, a suposta real autoria do assassinato.

O marido da ré, Alcides Chaves Barcelos, era amigo da vítima. A ele foi endereçada uma das cartas. A outra foi para a própria ré. Foi o marido quem buscou ajuda na sessão espírita.

O advogado, que disse ter estudado a teoria espírita para a defesa (ele não professa a religião), define as cartas como 'ponto de desequilíbrio do julgamento', atribuindo a elas valor fundamental para a absolvição. A *Folha*[41] não conseguiu contato com o médium.

Os jurados não fundamentam seus votos, o que dificulta uma avaliação sobre a influência dos textos na absolvição.

Os documentos foram aceitos porque foram apresentados em tempo legal e a acusação não pediu a impugnação deles."

POLÊMICA

"A adoção de cartas psicografadas como provas em processos judiciais gera polêmica entre os criminalistas. A *Folha* ouviu dois dos mais importantes advogados especializados em Direito Penal no Rio Grande do Sul. Um é contra esse tipo de prova. O outro a aceita.

De acordo com Antônio Dionísio Lopes, "o processo-crime é uma coisa séria, é regido por uma ciência, que é o Direito Penal. Quando se fala em prova judicializada, o resto é fantasia, mística, alquimia. Os critérios têm de ser rígidos para a busca da prova e da verdade real.

O Tribunal do Júri se presta a essas coisas fantásticas. O jurado pode julgar segundo sua convicção íntima, eles não têm obrigação de julgar de acordo com a prova. A carta só foi juntada aos autos porque era um tribunal popular. Isso é o mesmo que documento apócrifo".

Para Nereu Lima, "qualquer prova lícita ou obtida por meios lícitos é válida. Só não é válida a ilícita ou obtida de forma ilícita,

---

41. Carta psicografada ajuda a inocentar ré por homicídio no RS – Léo Gerchmann da Ag. *Folha* em Porto Alegre-RS. Disponível em <http://www1.folha.uol.com.br/folha/cotidiano/ult95u122179.shtml>. Acesso em 9/9/2008.

como a violação de sigilo telefônico. Quanto à idoneidade da prova, ela será sopesada segundo a valoração feita por quem for julgar. Ela não é analisada isoladamente, mas em um conjunto de informações. Os jurados decidem de acordo com sua consciência."

O DEFENSOR

Em razão dos argumentos da acusação, alegando falsidade no documento apresentado, no caso a psicografia, a decisão prolatada no julgamento em 26 de maio de 2006, em benefício de Iara Marques Barcellos, foi suspensa.

A acusada, que fora inocentada pelos jurados, por 5 votos a 2, teve seu caso apreciado na 1ª Câmara do Tribunal de Porto Alegre, que por 2 votos a 1, em 27 de junho de 2007, decidiu anular o julgamento da cidade de Viamão.

Como houve recurso dessa decisão, o Tribunal de Justiça terá de posicionar-se, agora, se haverá ou não novo júri. Caso essa Câmara especial decida favoravelmente ao resultado anterior, qual seja, a manutenção da vontade dos jurados da cidade de Viamão que inocentaram a acusada, o processo, ora com seis volumes, poderá ser arquivado, dando-se ao caso solução definitiva.

O doutor Lúcio Santoro de Constantino, defensor de Iara, assim posicionou-se em face da delicada situação em que, para uma defesa terrena, buscam-se fatos que extrapolam o ambiente físico, reconhecendo que há no Brasil diversos casos em que a espiritualidade manifestou-se:

"Para quem desconhece, a carta psicografada consiste na escrita feita, em estado de inconsciência ou semiconsciência, por alguém dotado de determinada capacidade espiritual e que recebe mensagem enviada por outro já falecido. Tal poder, exercido pelo médium, revela-se em uma escrita automática e que não se confunde com telepatia (comunicação entre duas mentes vivas), nem com a clarividência (percepção extrassensorial).

De qualquer modo, como o tema é apaixonante, a controvérsia tomou lugar sobre a aceitabilidade em si, da carta, em um processo criminal. Os que não a admitem se firmam, entre outros, no aspecto de que:

✓ A lei estabelece que a morte extingue a personalidade humana;
✓ A psicografia é Religião, e o Judiciário não é religioso;
✓ Não haveria forma de se usufruir da ampla defesa e do contraditório;

Contudo, ao meu sentir, essas afirmações não se mantêm, senão vejamos:

Inicialmente, porque a lei sequer traz previsão legal contra a carta.

Ao depois, porque, muito embora o artigo 6º do Código Civil estabeleça que a morte é causa extintiva da personalidade humana (quando o sujeito não pode mais ser titular de direitos e obrigações), é indiscutível que esta disposição se revela como uma ficção jurídica e não realidade fática.

Já com relação à religiosidade, frise-se que a carta psicografada não se confunde com Religião. Trata-se, sim, de uma consequência da espiritualidade que qualquer humano carrega consigo. Ora, o nosso Estado se funda na laicidade, não pertence a uma ordem religiosa, mas admite a espiritualidade, como se vê do preâmbulo da Constituição Federal:

'Nós, representantes do povo brasileiro, reunidos em Assembleia Nacional Constituinte para instituir um Estado Democrático (...) promulgamos, sob a proteção de Deus, a seguinte Constituição da República Federativa do Brasil.'

E mais: a psicografia não viola as garantias constitucionais do contraditório ou da ampla defesa. Veja-se que a carta pode até ser refutada, já que é passível de exames grafotécnicos ou de confrontação de conteúdo.

De outra banda, penso na possibilidade de se considerar o Espiritismo como uma ciência, cujo objeto de estudo é a existência de vida espiritual. E para a caracterização de uma ciência é necessária uma estrutura de estudo que carregue elementos da lógica, da testabilidade, da universalidade, da convergência, da similaridade e da descrição. E, de fato, esses elementos estão presentes nos fenômenos da psicografia.

Por fim, entendo que a psicografia merece uma melhor visualização no âmbito processual. Mesmo que sua utilização seja ainda humilde, muitas vezes explorada para investigações, é de ser admitida como elemento probatório cabível na esfera processual já que não se revela como ilícita ou ilegítima.

E se não fosse assim, eu jamais a juntaria em um processo criminal."

11. Existência dos espíritos

O *LIVRO dos Médiuns*, de Allan Kardec, que trata exatamente da parte científica da Doutrina Espírita, detalha as modalidades da mediunidade e promove os esclarecimentos necessários, alguns dos quais transcrevemos a seguir:

> "Toda pessoa que sente num grau qualquer a influência dos Espíritos é, por isso mesmo, médium. Essa faculdade é inerente às pessoas e consequentemente não constitui privilégio exclusivo de ninguém; por isso mesmo, poucas são as pessoas que não possuem algum rudimento dela. Podemos dizer, portanto, que todas as pessoas são, mais ou menos, médiuns. Entretanto, geralmente, essa qualificação aplica-se apenas àqueles cujo dom mediúnico está claramente caracterizado por efeitos patentes de uma certa intensidade, o que depende, então, de uma organização mais ou menos sensitiva."
>
> O LIVRO DOS MÉDIUNS, ALLAN KARDEC, CAPÍTULO 14, QUESTÃO 159.

*

"Nós nos dirigimos às pessoas que veem no Espiritismo um objetivo sério, que compreendem toda sua importância e não fazem das comunicações com o mundo invisível um passatempo."

"Hoje, deixou de ser visto como espetáculo; é uma doutrina da qual não riem mais o que zombavam das mesas girantes."

O LIVRO DOS MÉDIUNS, ALLAN KARDEC, INTRODUÇÃO.

"Qualquer que seja a ideia que se faça dos Espíritos, essa crença está necessariamente fundada na existência de um princípio inteligente fora da matéria, e é incompatível com a negação absoluta desse princípio. Tomamos, portanto, como nosso ponto de partida a existência, a sobrevivência e a individualidade da alma, da qual o espiritualismo* é a demonstração teórica e dogmática e o Espiritismo é a demonstração patente."

O LIVRO DOS MÉDIUNS, ALLAN KARDEC, CAPÍTULO 1, 1ª QUESTÃO.

"(...) os demônios são, nada mais, nada menos do que as almas dos maus ainda não depuradas, mas que podem chegar, como as outras, à mais elevada perfeição, e isso parecerá mais de acordo a justiça e a bondade de Deus do que a doutrina dos seres criados para o mal, perpetuamente voltados para o mal."

O LIVRO DOS MÉDIUNS, ALLAN KARDEC, CAPÍTULO 1, 2ª QUESTÃO.

*

"Acontece que essas almas que povoam o espaço são precisamente o que se chamam de Espíritos; os Espíritos são a alma dos homens sem o seu corpo físico."

O LIVRO DOS MÉDIUNS, ALLAN KARDEC, CAPÍTULO 1, 2ª QUESTÃO.

"No entanto, muitas pessoas, e aí também está inclusa a sua crença, admitem sem dúvida a existência das almas e por conseguinte a dos Espíritos, mas negam a possibilidade de se comunicar com eles, pela razão, dizem, de que seres imateriais não podem agir sobre a matéria. Essa dúvida está fundada na ignorância da verdadeira natureza dos Espíritos, dos quais se faz, geralmente, uma ideia muito falsa, porque são erradamente concebidos como seres abstratos, vagos e indefinidos, o que não corresponde à realidade."

O LIVRO DOS MÉDIUNS, ALLAN KARDEC, CAPÍTULO 1, 3ª QUESTÃO.

"A existência da alma e a de Deus, que são consequência uma da outra, são a base de todo o edifício e, antes de iniciar qualquer discussão espírita, é importante se assegurar de que o interlocutor admite essa base. Acredita em Deus? Acredita ter uma alma? Acredita na sobrevivência da alma após a morte?"

O LIVRO DOS MÉDIUNS, ALLAN KARDEC, CAPÍTULO 1, 4ª QUESTÃO.

"Agora resta saber se o Espírito pode se comunicar com o homem, ou seja, se pode haver entre ambos troca de pensamentos. E por que não? O que é o homem, senão um Espírito aprisionado num corpo? Por que o Espírito livre não poderia se comunicar com o Espírito cativo, como um homem livre se comunica com o que está aprisionado?"

O LIVRO DOS MÉDIUNS, ALLAN KARDEC, CAPÍTULO 1, 5ª QUESTÃO.

"Aos olhos dos que consideram a matéria a única força da natureza, tudo o que não pode ser explicado pelas leis da matéria é maravilhoso ou sobrenatural, e maravilhoso é, para eles, sinônimo de superstição.

O LIVRO DOS MÉDIUNS, ALLAN KARDEC, CAPÍTULO 1, 10ª QUESTÃO.

"Quando os adversários do Espiritismo nos demonstrarem que isso não pode acontecer, por meio das razões tão patentes quanto as com que Galileu demonstrou que não é o Sol que gira ao redor da Terra, então poderemos dizer que suas dúvidas têm fundamento; infelizmente, até agora toda a sua argumentação se resume nestas palavras: Não acredito, portanto isso é impossível. Eles nos dirão, sem dúvida, que cabe a nós provar a realidade das manifestações; nós as provamos pelos fatos e pelo raciocínio; se não admitem nem um nem outro, se negam até mesmo o que veem, deve eles provar que nosso raciocínio é falso e que os fatos espíritas são impossíveis."

O LIVRO DOS MÉDIUNS, ALLAN KARDEC, CAPÍTULO 1, 6ª QUESTÃO.

12. Um caso interessante

UM ACONTECIMENTO digno de nota e que também não poderia, pelo seu valor histórico, ficar de fora destas anotações, é o período de experimentos que o escritor Monteiro Lobato[42] realizou de 21 de dezembro de 1943 a 17 de março de 1945 no Brasil, e em 1946 e 1947 na Argentina, durante o lapso de tempo em que o mestre da literatura infantil ausentou-se do país.

Embora as mensagens conseguidas durante as reuniões realizadas, inclusive em sua casa, não estavam vinculadas aos procedimentos normais e regulares da psicografia, que é a escrita

42. José Bento Monteiro Lobato nasceu no município paulista de Taubaté, na região conhecida como Vale do Paraíba, em 18 de abril de 1882 e desencarnou em 5 de julho de 1948, na capital de São Paulo. Criador de maravilhosas histórias infantis, Monteiro Lobato deixou também obras para o público adulto, como *Urupês*. Após a morte de seu segundo filho homem, de acordo com seu biógrafo Edgard Cavalheiro, "faltando-lhe sentimento religioso" – Lobato era materialista – "pouco se preocupara anteriormente com a morte, mas agora que perde o segundo filho, agora que a Parca repete a proeza, a morte é tema constante para seu espírito". A partir de então, abraçou o Espiritismo, o qual considerava "a religião de amanhã".
É sua esta frase: "Ao nascer ganhamos um cavalo – o nosso corpo. Só que, com o tempo, se o cavalo adoece e morre, pensamos que somos nós que morremos".

formalizada pelo médium, mas nem por isso deixam de ter a importância e merecer o valor que lhes são conferidos.

O sistema adotado foi o do copo que anda, que se resume em um alfabeto circular ou não disposto sobre a mesa com um copo no centro. O médium estende suas mãos sobre o copo para que as vibrações o envolvam, e, a cada pergunta formulada, estando um espírito presente, a manifestação acontecerá com o copo se movimentando e se posicionando defronte à letra ou número correspondente, com o propósito de formar a frase pretendida para comunicar-se. Neste caso, atuavam como médiuns, a esposa e a cunhada de Lobato.

O escritor, que havia "perdido" seus dois filhos homens, afastou-se do materialismo que sempre o acompanhara após convencer-se de que a vida não cessa.

Nesse tempo, junto com as surpresas que aconteceram durante o espaço de tempo em que se submeteu ao processo acima descrito, Monteiro Lobato recebeu um comunicado que despertou muita curiosidade, no tempo em que se achava em Buenos Aires, resultando num compromisso entre os quatro participantes do encontro, ficando cada um com uma cópia da mensagem, assinada por todos.

Mesmo considerando o sistema de comunicação por meio de 'copos' antigo e em desuso ou levado à conta de mera distração com coisas sem importância, é preciso lembrar da seriedade com que essas e outras reuniões devem acontecer.

Quem dá o ar que identifica o nível moral do encontro é o grupo participante, a exemplo de qualquer outra reunião. Portanto, a frivolidade ou o respeito é fator dependente dos presentes.

Esse material todo, que hoje compõe o livro '*Monteiro Lobato e o Espiritismo*', com direitos de publicação cedidos à Editora Lachâtre, foi coletado por Maria José Sette Ribas, conhecida por Marjori, que recebia, a cada reunião, relatório do que ali se passava. Durante toda sua vida, Marjori auxiliou Monteiro Lobato em suas atividades literárias, sendo a organizadora e revisora de seus textos.

SESSÃO EM 1946 – BUENOS AIRES

"Hotel Plaza, presentes: Rosalina Coelho Lisboa Larragoiti e Antônio Sanches Larragoiti Jr., seu marido. No copo: Ritinha Seabra, (filha do doutor Alberto Seabra), e [...] Monteiro Lobato, no lápis.

Quando de sua visita àquele país, Rosalina Coelho Lisboa Larragoiti e seu marido Antônio Sanches Larragoiti Jr., (grande industrial no Rio de Janeiro, receberam a visita de Monteiro Lobato, que, lá no Hotel Plaza, os encontrou em companhia de sua amiga comum, Ritinha Seabra, filha do médico homeopata, doutor Alberto Seabra.

Lá pelas tantas, o assunto versou sobre as 'sessões de copo', que Lobato realizava com grande interesse e entusiasmo, naquela época.

Foram para a mesinha, no círculo de letras do alfabeto, e, depois da concentração, deu, entre outras mensagens sem interesse, isto, que impressionou profundamente o grupo:

– Rosalina vai ao Rio salvar um soldado.

– Quem está falando? – perguntou Lobato.

– Luís, corneteiro de batalhão.

– Vai salvar como? Quem é o soldado? Salvar de quê?

Mas o copo imobilizou-se e não deu mais nada. Impressionados, fizeram uma ata registrando esse fato, e cada componente do grupo ficou com uma via, assinada pelos quatro.

Ao voltar ao Rio de Janeiro, Rosalina (poetisa e escritora conhecida) foi fotografada no aeroporto pela imprensa social com o comentário de que estava regressando de sua turnê pela América do Sul. E estamparam o seu retrato, em tamanho grande.

Dias após sua chegada, o telefone toca em sua residência e era o comandante do presídio da ilha das Cobras, pedindo-lhe mil desculpas por incomodá-la, mas um preso que lá se achava recolhido e respondendo a processo criminal, insistia, intempestivamente, para falar com ela sobre seu caso, afirmando que ela iria salvá-lo. Não a conhecia, mas tinha certeza disso. Vira sua foto em um jornal de seu companheiro de cela e daí lhe viera a convicção inabalável de que deveria recorrer àquela senhora pedindo-lhe o seu auxílio, pois seria atendido. Queria uma entrevista com ela.

Rosalina perguntou ao comandante qual fora o crime cometido pelo soldado e foi informada de assassinato. Dizia ter matado, em defesa própria, um desafeto, mas ninguém vira e todos o acusavam de crime premeditado. Iria pegar, pelo menos, trinta anos de cadeia, dadas as circunstâncias. Não havia testemunha a seu favor. Estava desesperado.

Rosalina disse ao comandante que no dia seguinte daria sua resposta.

Telefonou a um grande criminalista do Rio de Janeiro e combinou com o advogado de que ele iria à sua residência dois dias depois e assistiria ao depoimento do soldado.

Comunicou em seguida o comandante, que já havia providenciado a defesa do réu e que o mandasse, na data aprazada, à sua residência.

Lá compareceu ele, entre dois guardas (cautela inútil, pois que o réu não tinha a menor intenção de fugir, tal era a sua cega cega convicção em Rosalina).

Depois de prestar depoimento ao advogado, contando como matara o seu desafeto, e depois de tudo combinado para a sua defesa, Rosalina perguntou ao soldado:

– Qual o motivo de, entre tantas criaturas no Rio de Janeiro, escolher, justamente a mim para ajudá-lo?

– Assim que vi seu retrato no jornal fiquei certo de que seria salvo pela senhora.

– Que o fez pensar assim? – indagou ela.

– Não sei. 'Uma coisa' me deu essa certeza.

Rosalina, que se lembrava da sessão em Buenos Aires que causara suspense aos componentes do grupo, foi à sua secretária e de lá retirou a ata feita por Lobato, no Hotel Plaza, assinada pelos quatro e perguntou ao preso:

– Diga-me, você tem algum amigo chamado Luís?

– Não, mas tive um grande amigo que daria a vida por mim e eu por ele, mas, infelizmente, hoje ele está morto. Chamava-se Luís. Morreu na guerra, na Itália.

– Que fazia ele?

– Era corneteiro do nosso batalhão.

Rosalina, então, deu-lhe a ler a ata, onde estava registrada a mensagem de 'Luís, corneteiro de batalhão'.

Ao ler isso, o soldado caiu de joelhos, chorando e exclamando:

– Meu pobre amigo, salvou-me duas vezes: da cadeia e da descrença, pois eu já me tornara descrente até de Deus, permitindo que me sucedesse tal injustiça, quando eu apenas defendera-me para não ser morto.

Rosalina tomou o caso para si, ajudou o soldado e ele foi absolvido.

Esses fatos foram-me relatados por Monteiro Lobato.

Quando se realizou a sessão em Buenos Aires, contou-me por carta, e o seu feliz desfecho quando Rosalina lhe escreveu, comunicando-o.

Lobato gostaria, ele próprio, de ter publicado este livro – o que teria maior brilho –, mas dona Purezinha, com seu grande respeito humano, não o consentiu, e, vendo que ela sofreria com essa publicação, Lobato não o fez.

Disse-me: 'a única coisa que considero, realmente, imoral no mundo, é fazer alguém sofrer'. E o livro não foi publicado.

Doente, despediu-se de Marjori, a possuidora destas notas, na véspera de sua morte.

Disse-lhe: 'Minha filha, amanhã, ou depois, se vir no jornal que eu morri, você não vai chorar. Sabe bem que não morremos, e esta foi apenas uma de minhas passagens sobre a terra. Somos imortais'.

E morreu feliz, sabendo que somos eternos."

13. Acidente e não suicídio

SIDNEY RODRIGUES

(25 de fevereiro de 1957 – 2 de dezembro de 1976)

O JOVEM Sidney prestava serviço militar na Força Aérea Brasileira (Aeronáutica) em São Paulo, quando foi vítima de disparo acidental no momento em que manuseava sua arma, vindo o projétil a atingir a base do crânio, no lado esquerdo, após ricochetear no solo.

Como as ocorrências no âmbito militar estão sujeitas à legislação específica, instaurou-se IPM (Inquérito Policial Militar), o procedimento pertinente, com a finalidade de elucidar o caso.

Inicialmente, pensou-se em suicídio, linha essa em que era encaminhado o inquérito, pois Sidney se achava sozinho em dependência interna da unidade militar, conceito que somente tomou outro rumo após o recebimento de mensagem psicográfica por meio do médium Chico Xavier, por parte de seus pais.

Na mensagem,[43] além de fornecer nomes de parentes já falecidos e que se achavam em sua companhia, esclareceu:

"Efetivamente me achava na intimidade do quartel, mas procurava limpar a arma com excesso de atenção, que passou à desatenção. Buscava lustrar o instrumento em minhas mãos quando no silêncio do gabinete alguma coisa explodiu. O projétil escapou, sem que eu percebesse, da arma que me caíra das mãos num movimento impensado de minha parte, e a bala ricocheteada me alcançou à esquerda, na base do crânio. Apaguei-me, sem gritar. De momento, compreendi tudo. No entanto, era tarde para registrar qualquer esclarecimento...

(...)

Papai, se o senhor puder, explique o que confesso aos oficiais que me dirigiam com distinção e bondade, mas se minhas explicações não forem aceitas, em vista de estar escrevendo de uma outra existência, em novas dimensões, rogo ao senhor, à mãezinha e ao meu irmão concordarem com as teses que foram apresentadas para que se tenha o encerramento definitivo da questão.

Entretanto, para que a paz venha a morar conosco outra vez, peço que assinem os laudos que vierem à nossa consideração, sem qualquer ressentimento."

Em outra mensagem, Sidney complementa e se tranquiliza:

*

43. *Entes queridos*, de Francisco Cândido Xavier e Caio Ramaciotti. São Bernardo do Campo-SP (Geem) – Grupo Espírita Emmanel, 1982.

"Graças a Deus, a ideia suposta de suicídio desapareceu e a verdade foi restabelecida, mesmo no conceito de chefes amigos que, de imediato, não conseguiram atingir as conclusões exatas, em torno do acidente que me trouxe de volta".

14. Um pouco de Francisco Cândido Xavier

MINEIRO DA cidade de Pedro Leopoldo, Francisco Cândido Xavier viveu em sua terra natal até a mudança em definitivo para a cidade de Uberaba, no triângulo mineiro, onde chegou em 5 de janeiro de 1959.

Nesse novo chão, onde fixou sua residência, Chico permaneceu até o fim de sua presença física na Terra, em 30 de junho de 2002.

Era domingo. De acordo com informações de pessoas que lhe eram próximas, às 19 horas, Chico tomou uma leve sopa e deitou-se; cerca de dez minutos depois, teve uma parada cardíaca.

Assim chegou ao fim aquele que foi considerado o maior divulgador do Espiritismo no Brasil e no mundo, um exemplo na caridade.

Até a presente data, foram registradas 439 obras literárias psicografadas pelo medianeiro, que não ficou com nenhum dos direitos autorais resultantes das publicações, em razão da doação integral que fazia no momento em que repassava os originais às respectivas editoras, destinando às instituições caridosas do país o que lhe pertenceria. Dizia sempre que os livros não eram seus, pois ele era apenas instrumento da espiritualidade.

Somam aos livros, milhares e milhares de cartas psicografadas enviadas pelos entes queridos aos seus amados ainda na Terra, consolando-os e mostrando que a vida continua, embora em outro plano. Fez isso por toda a sua vida, cujo empenho se alongava pelas madrugadas, sempre em prol daqueles que sofriam.

Trabalhou praticamente durante 75 anos de sua vida voltada para a mediunidade recebendo o apoio integral de um espírito com elevada envergadura moral, que se identificou desde o ano de 1931, quando se apresentou a Chico Xavier como sendo Emmanuel, acompanhando-o até o seu desenlace.

Numa das ocasiões em que Chico inquiriu seu "protetor", o bondoso guia esclareceu: "Descansa! Quando te sentires mais forte, pretendo colaborar igualmente na difusão da filosofia espiritualista. Tenho seguido sempre teus passos e só hoje me vês, na tua existência de agora, mas nossos espíritos se encontram unidos pelos laços mais santos da vida, e o sentimento afetivo que me impele para o teu coração tem suas raízes na noite profunda dos séculos (...)".

Francisco Cândido Xavier, o protótipo da caridade e o bálsamo vivo, permaneceu na Terra por um período de 92 anos.

15. Posições e opiniões

"O vácuo está longe de ser vazio. Pelo contrário, ele contém número ilimitado de partículas que surgem e desaparecem interminavelmente"

TRECHO DA DESCRIÇÃO DO FÍSICO FRITJOF CAPRA, EM *O TAO DA FÍSICA*.

O TERMO grafotécnico, conforme o Dicionário Houaiss da língua portuguesa, identifica e denomina aquele que é especialista ou perito em grafotecnia, a ciência de examinar textos escritos à mão ou à máquina para descobrir se são autênticos ou falsificados, se foram escritos por uma mesma pessoa ou não, se numa determinada máquina de escrever ou não, etc.

O doutor **CARLOS AUGUSTO PERANDRÉA**, professor da Faculdade de Direito de Londrina, no Paraná, e especialista em exames de grafismos, que vêm a ser os caracteres particulares da escrita de cada indivíduo, portanto um grafotécnico trabalhando há quase cinquenta anos a serviço do Poder Judiciário, foi consultado sobre a psicografia.

Há cerca de 14 anos o doutor Perandréa estudou a psicografia de Chico Xavier. E sobre sua atividade como grafotécnico, respondeu questões que lhe foram feitas pelo senhor Roberto Ranulfo Pontes Ardo, então estudante do Curso de Comunicação Social e Jornalismo da Fundação Edson de Queiroz – Universidade de Fortaleza –, em 29 de novembro de 2007, de onde extraimos três delas, consideradas de interesse para o assunto aqui abordado e expostas como seguem:

Primeira pergunta: Como é o trabalho dos grafoscopistas aliado à justiça em caso de cartas psicografadas?

Primeiramente, torna-se necessário relembrar que os trabalhos dos grafotécnicos no Judiciário, ordinariamente, diz respeito aos dois tipos de exames técnicos já citados: exame de autenticidade e exame de autoria gráfica dos manuscritos questionados. No entanto, desconhecemos qualquer trabalho técnico-científico de grafoscopia, em forma de laudo pericial, abordando mensagens ou cartas psicografadas, elaborado para servir de prova no Judiciário.

Segunda pergunta: Até onde a psicografia semimecânica (classificação de Allan Kardec) pode influenciar na imparcialidade e na objetividade do documento psicografado? Como pode ser utilizada a psicografia para resolver casos jurídicos se o médium pode estar sendo totalmente parcial, influenciando, assim, as informações no caso de uma psicografia semimecânica?

Os exames grafotécnicos para a comprovação de autenticidade ou da autoria gráfica são efetuados em grafismos, vocábulos, textos e assinaturas, que devem ser comparados tecnicamente com as escritas autênticas (padrões). Dessa forma, qualquer mensagem psicografada, não sendo uma psicografia mecânica, não terá como conter os elementos grafocinéticos de identificação. Por outro lado, a questão de resolver casos jurídicos com a psicografia é uma questão bastante polêmica do ponto de vista jurídico, envolvendo os mais diversos trabalhos, entre eles os desenvolvidos pelos conceituados professores e mestres em Direito Civil e Penal, com destaque para os trabalhos de Ismar Estulano Garcia, Renato Marcão, Roberto Serra da Silva Maia, Jacobson Sant'Ana Trovão e Flávio Tartuce.

Terceira pergunta: Há como definir pelos traços da escrita, ou pela visualização da escrita do documento psicografado no momento em que é escrito, o tipo de psicografia (de acordo com a classificação de Allan Kardec)?

De certa forma, sim. Como no caso das psicografias do médium Chico Xavier (quando ainda no auge de suas forças), podia-se, pela velocidade com que as mensagens eram escritas, diferenciar o tipo de psicografia. Pela enorme quantidade de mensagens recebidas em cada sessão, o habitual era os textos serem grafados velozmente pelo médium em psicografia intuitiva. Após o término do texto, o nome ou a assinatura poderiam ser registrados pela psicografia mecânica. Nesse caso, na maioria das vezes, desenvolvida em menor velocidade, como que na dependência da cultura gráfica do espírito comunicante. Notava-se, nas últimas mensagens, no avançado das horas, uma incidência maior de mensagens psicografadas mecanicamente, como se o médium, já esgotado, simplesmente soltasse a mão, mais à disposição dos espíritos, que, nesse caso, além da mensagem propriamente dita, ainda deixavam registradas todas as suas dificuldades no ato de escrever, em escrita morosa, indecisa, ou ainda com facilidade e muito semelhantes a que tinham quando encarnados.

Cabe aqui um esclarecimento sobre as observações feitas:

1. pelo perito, nessa terceira resposta, quando se refere às psicografias intuitiva e mecânica, são elucidadas a seguir, as peculiaridades de cada uma, e,
2. pelo entrevistador, nessa mesma questão, ao falar da psicografia semimecânica, não mencionada pelo perito, é certo que as três diferem da forma, do modo e do resultado, diferenças igualmente esclarecidas a seguir.

Psicografia intuitiva: na mediunidade intuitiva, como o próprio nome diz, o "espírito não atua diretamente sobre a mão do médium para escrever, mas sobre a alma. A alma, sob esse impulso, dirige a mão e a mão dirige o lápis". O pensamento do espírito é passado ao médium, cujo crivo depende exclusivamente do médium (considerado como aparelho), em aceitar ou não o que lhe é transmitido. Muitas das vezes, o medianeiro emprega recursos pessoais, no que diz respeito ao seu conhecimento do vernáculo, para montar, adequar e expressar, no papel, o sentimento e os esclarecimentos prestados pela entidade. O espírito sugere e o médium executa.

As palavras até poderão ser outras, mas o conteúdo da mensagem é aquele pretendido pelo espírito comunicante.

Psicografia semimecânica: foi citada na segunda pergunta. Aqui, o médium tem quase totalmente a consciência do que escreve. O controle do braço, pelo sistema nervoso, não é completo por parte do espírito comunicante, mas é parcialmente coordenado por ele.

Psicografia mecânica: já nesta situação, o controle do espírito comunicante é total. Ele assume os movimentos do braço e da mão, movimentando-os de acordo com seu interesse e necessidade, imprimindo a velocidade que pretender, sem que haja qualquer controle ou interferência do médium, que participa na condição de aparelho receptor. O espírito não lhe fala nem lhe sugere, apenas escreve. A independência do médium em relação a essa modalidade de psicografia é tão forte, que ele, tendo permissão para isso, poderá até entabular conversação com uma terceira pessoa, alheio ao que se passa consigo na psicografia, pois os movimentos voltados para a escrita pertencem ao espírito, que tudo controla.

Este é o caso em que a escrita e assinatura obedecem naturalmente os traços de origem de quem transmite a mensagem.

Indagado ainda se é comum o emprego da psicografia como "meio de prova", o perito afirmou que não, esclarecendo que se entende como prova os modos ou instrumentos que a lei não proíbe e que sejam capazes de revelar a verdade, como as provas testemunhal, documental e pericial. Lembrou, também, da participação de Francisco Cândido Xavier, cujas psicografias ganharam repercussões processuais no campo da prova nos crimes de homicídio, frisando, contudo, que se avalia a credibilidade do médium e não se tem como questionar a mediunidade psicográfica de Chico Xavier.

A posição do doutor **Eduardo Valério**, que pertence à Associação Jurídico-Espírita do Estado de São Paulo, manifesta a presença do equilíbrio racional:

"A minha, por exemplo, é de ver a utilização da psicografia nos tribunais com enorme cautela, já que o fenômeno mediúnico (acerca do qual não tenho qualquer dúvida) é de difícil controle quanto à sua autenticidade. Exceto quando produzido por médiuns de inquestionável educação mediúnica (como Francisco Cândido Xavier), tal fenômeno estará sempre sujeito a graves interferências, mesmo quando o médium esteja trabalhando honestamente e com boa vontade.

Portanto, penso que as cartas psicografadas devam ser aceitas como mais um elemento de prova, a serem sopesadas pelo juiz (ou jurados, se no tribunal do júri), à luz do princípio da livre convicção; jamais como elemento absoluto e inquestionável que possa levar, por si só, a uma condenação ou a uma absolvição".[44]

*

44. Eduardo Valério é promotor de justiça em São Paulo e membro da Comissão Provisória da Associação Jurídico-Espírita do Estado de São Paulo – AJE-SP.

O próprio **Francisco Cândido Xavier** tinha posição clara no que diz respeito à psicografia como interferência em processos. Como os espíritos se manifestam naturalmente, o médium não recusa a comunicação daqueles que lhe querem passar as notícias que julgam de importância:

"Eu nunca tive a intenção de que mensagens recebidas por mim pudessem atuar em qualquer setor Judiciário. Estou dizendo isso ao senhor de coração. Nunca pensei. Se essas mensagens têm comparecido como peças para defesa de alguém, não é a meu pedido, nem por interferência minha, porque eu respeito as pessoas e respeito os espíritos que se comunicam, com muita veneração pelo intercâmbio espiritual. O que eu recebo é com finalidade de consolo, reconforto, instrução, nunca por influência judiciária, nem política, nem coisa alguma."

O promotor de justiça **Renato Marcão**[45] assim se define:

1. INTRODUÇÃO

O direito à prova insere-se no campo das garantias que integram o devido processo legal.

No sistema acusatório adotado pelo legislador brasileiro, depois da imputação inicial formalizada, em tempo oportuno e

45. Renato Marcão. "Psicografia e prova penal". *Boletim Jurídico*, Uberaba, a. 3, n. 216. Disponível em: <http://www.boletimjuridico.com.br/doutrina/texto.asp?id=1743>. Acesso em: 9/9/2008.

com limitações que decorrem também do sistema constitucional vigente, assegura-se o contraditório e a ampla defesa, com os meios e recursos a ela inerentes (art. 5º, LV, da CF).

Como observou Geraldo Prado, "A marca característica da defesa no processo penal está exatamente em participar do procedimento, perseguindo a tutela de um interesse que necessita ser o oposto daquele a princípio consignado à acusação, sob pena de o processo converter-se em instrumento de manipulação política de pessoas e situação".[46]

Questão das mais intrigantes e que de tempos em tempos inquieta a comunidade jurídica é a que impõe reflexões sobre a validade ou não de material psicografado, apresentado para ser valorado como prova em processo penal.

O que se busca com o presente trabalho, de dimensões limitadas, sem qualquer pretensão de resolvermos definitivamente as inquietações reinantes, é apenas trazer algumas considerações que entendemos oportunas.

2. ALGUNS CASOS EMBLEMÁTICOS

Psicografar é anotar ou escrever algo ditado ou sugerido por algum espírito desencarnado.[47]

A primeira reflexão, de ordem eminentemente religiosa, impõe aceitar ou não a Doutrina Espírita, suas crenças e dogmas. Nesse campo não ingressaremos em razão das limitações do conhecimento

46. Geraldo Prado. *Sistema acusatório*. 3. ed. Rio de Janeiro: Lumen Juris, 2005, p. 121.

47. Antônio Houaiss. *Dicionário Houaiss da língua portuguesa*. 1. ed. Rio de Janeiro: Objetiva, 2001, p. 2326.

de que dispomos a respeito da Doutrina Espírita e em homenagem à liberdade de credo ou religião.

Experiências mediúnicas são relatadas diuturnamente em todos os segmentos sociais, despertando reações as mais variadas, que vão da fé intransigente ao medo, passando, evidentemente pelo crivo da credibilidade.

Dentre os médiuns brasileiros mais acatados e respeitados temos a figura de Chico Xavier (falecido em 2002),[48] que de alguma maneira, e não por vontade própria como chegou a afirmar, acalorou a discussão a respeito da validade ou não do material psicografado como "meio de prova", visto que em três casos emblemáticos suas psicografias acabaram por influenciar, ao que se sabe, no resultado dos julgamentos de três episódios de sangue que acabaram com a morte das vítimas. De comum entre os três casos, dentre outras coisas, as psicografias que ganharam repercussões processuais no campo da prova, em benefício dos réus, e o fato de que as vítimas foram atingidas por disparos de arma de fogo, além, é claro, do peso da credibilidade de um homem respeitado, inclusive internacionalmente, e que é a maior referência nacional no campo do Espiritismo.

Dos três episódios a que me refiro, dois ocorreram no Estado de Goiás, em 1976, e os respectivos processos foram submetidos, em momentos diversos, ao mesmo juiz de Direito, doutor Orimar de Bastos. Figuraram como réus, respectivamente, João França e José Divino Nunes. No primeiro processo, o juiz optou pela absolvição sumária por entender que o agente não atuou com dolo ou culpa por

48. Francisco Cândido Xavier nasceu em 2 de abril de 1910 e faleceu em 30 de junho de 2002.

ocasião do disparo. O réu não chegou a ser submetido a julgamento popular perante o juiz natural dos crimes dolosos contra a vida. No segundo, o réu acabou absolvido pelo Tribunal do Júri, por 6 votos contra 1. Em ambos, reafirme-se, relatos baseados em Espiritismo, ligados à psicografia.

O terceiro episódio ocorreu em 1980, no Mato Grosso do Sul, e o réu João Francisco de Deus terminou condenado, em segundo julgamento, por homicídio culposo, pela morte de sua esposa Gleide Maria Dutra, atingida com um disparo de arma de fogo na região do pescoço.[49]

Recentemente ocorreu novo caso em que material psicografado foi levado à discussão e apreciação no plenário do júri, desta vez no Estado do Rio Grande do Sul, fazendo ressurgir a discussão sobre o tema.

3. ALGUMAS REFLEXÕES JURÍDICAS NECESSÁRIAS

O Estado brasileiro é laico, e também por isso não pode referir-se normativamente à validade ou não de material psicografado como meio de prova, entendendo-se como "meio de prova", no dizer de Dellepiane, "os diferentes elementos de juízo produzidos pelas partes ou recolhidos pelo juiz, a fim de estabelecer no processo a existência de certos fatos (prova testemunhal, prova indiciária)".[50]

---

49. Informações constantes do DVD *As cartas de Chico Xavier e outras histórias misteriosas*.

50. Antonio Dellepiane. *Nova teoria da prova*. Trad. de Érico Maciel. 5. ed. Rio de Janeiro: José Konfino, 1958, p. 19.

A liberdade de produzir prova, como é cediço, não é ilimitada, pois são inadmissíveis no processo as provas obtidas por meios ilícitos (art. 5º, LVI, da CF).

Sem espaço para questionamentos mais largos e profundos, cumpre ressaltar a ideia do gênero 'prova proibida', que compreende as espécies 'prova ilícita' e 'prova ilegítima', adotando a abrangente visão de Adalberto José Q. T. de Camargo Aranha que, ao referir-se ao tema destaca que são "proibidas" "não só as provas obtidas contra a lei, qualquer que seja a natureza da norma, mas também as que violarem os costumes, a moral e um princípio geral de direito".[51]

O material psicografado apresentado em processo criminal para valoração probatória tem a natureza de "prova documental" que exprime declaração de quem já morreu, e exatamente por isso a prova, quanto à fonte, encontra-se exposta a questionamentos os mais variados.

Consideram-se documentos, diz o art. 232 do CPP, "quaisquer escritos", instrumentos ou papéis, público ou "particulares".

Como "prova documental", submete-se a todas as restrições impostas pela legislação processual penal, inclusive quanto ao tempo e forma de produção.

Note-se que a lei faz referência a "quaisquer escritos", de maneira que os escritos psicografados devem ser considerados como documentos, em sentido amplo.

Não há no ordenamento jurídico vigente qualquer regra que proíba a apresentação de documento produzido por psicografia,

---

51. Adalberto José Q. T. de Camargo Aranha. *Da prova no processo penal*. 6. ed. São Paulo: Saraiva, 2004, p. 73.

para que seja valorado como prova em processo penal. Não se trata de prova ilícita, mesmo no conceito amplo acima apresentado.

Nos processos submetidos a julgamento de juízo singular o acolhimento ou não do documento psicografado como prova dependerá muito mais da formação religiosa do magistrado e das experiências adquiridas ao longo da vida, atuantes na formação de seu livre convencimento (motivado), do que qualquer outro fator, e como advertiu Nuovolone: "O princípio do livre convencimento significa o princípio pelo qual o juiz não está vinculado a um sistema de provas legais (pelo qual certos fatos só podem ser provados com determinados meios e pelo qual certas provas não podem ser infirmadas por outras)".[52]

Por outro vértice, sendo julgamento pelo Egrégio Tribunal do Júri a aceitação tende a contar com menor restrição, não apenas em razão de se tratar de julgamento sem decisão motivada no que tange aos jurados, provenientes de formações ecléticas e multiculturais, mas, sobretudo, em razão dos apelos emocionais e religiosos tantas vezes explorados com maestria na Tribuna da Defesa.

4. CONCLUSÃO

No sistema jurídico brasileiro não há como normatizar o uso do documento psicografado como meio de prova; seja para permitir ou proibir. O Estado é laico.

De prova ilícita não se trata.

52. Apud Fernando de Almeida Pedroso. Processo penal. *O direito de defesa*: repercussão, amplitude e *limites*. 3. ed. São Paulo: Revista dos Tribunais, ano 2001, p. 404.

Se não está submetido ao contraditório quando de sua produção, entenda-se, quando da psicografia, a ele estará exposto a partir da apresentação em juízo.

Como prova documental, a credibilidade de seu conteúdo, em razão da fonte, não pode ser infirmada com absoluta certeza, tanto quanto não poderá ser fielmente confirmada, não obstante a existência de relatos a respeito de confirmações de autoria atestadas por grafologistas.

As proposições apresentadas pelo sobrenatural, longe de alcançar consenso, não comportam afirmações peremptórias a respeito de todos os temas que envolvem.

ASSOCIAÇÃO QUER ESPIRITUALIZAR O JUDICIÁRIO[53]

Eles defendem um Judiciário mais sensível às questões humanitárias, dizem que a maior lei é a de Deus, veem na condenação penal e na própria função uma missão de vida, defendem o uso de cartas psicografadas nos tribunais e estimulam, nas audiências, a fraternidade entre vítimas e criminosos.

Discutir temas polêmicos, como o aborto, a eutanásia, o casamento *gay*, a pena de morte e as pesquisas de células-tronco, condenados pelas religiões cristãs, são alguns dos objetivos da recém-criada AJE (Associação Jurídico-Espírita do Estado) de São Paulo, que teve anteontem a primeira reunião deliberativa, e já existe no RS e no ES.

*

53. Matéria de Vinicius Queiroz Galvão, da *Folha de S.Paulo*. Disponível em: <http://www1.folha.uol.com.br/folha/cotidiano/ult95u403207.shtml>. Acesso em: 9/9/2008.

"O Estado é laico, mas as pessoas não. Não tem como dissociar e dizer: vou usar a minha fé só dentro do centro espírita", afirma o promotor **Tiago Essado**, um dos fundadores da AJE.

Embalada na esteira do crescimento da **Abrame** (Associação Brasileira de Magistrados Espíritas), que hoje reúne 700 juízes, desembargadores e ministros de tribunais superiores, e que aceita apenas togados como membros, a AJE surge com uma proposta de abranger todos os operadores do Direito e já conta com 200 associados ou interessados, entre promotores, delegados de polícia e advogados, além de juízes.

Embora juristas não vejam ilegalidade no fato de juízes se reunirem em associações religiosas, a questão levanta discussões como:

1. o laicismo, princípio que prega o distanciamento do Estado da religião;
2. a contaminação de decisões por valores ou crenças de caráter religioso ou pessoal;
3. e o caráter científico do direito positivo, que deve se basear em verdades comprovadas, e não, como a religião, em verdades reveladas.

Além dos tribunais superiores (entre outros, o vice-presidente do Superior Tribunal de Justiça, Francisco César Asfor Rocha, é um dos integrantes da diretoria da Abrame), a convicção espírita permeou também o Conselho Nacional de Justiça, o órgão de controle externo do Judiciário.

"Não enxergaria nenhuma diferença entre uma declaração feita por mim ou por você e uma declaração mediúnica, que foi psicografada por alguém", diz **Alexandre Azevedo**, juiz-auxiliar da presidência do Conselho Nacional de Justiça, designado para falar a respeito das associações.

A *Folha* levantou quatro decisões em que cartas psicografadas, supostamente atribuídas às vítimas do crime, foram usadas como prova para inocentar réus acusados de homicídio.

Segundo **Zalmino Zimmermann**, juiz federal aposentado e presidente da Abrame, o propósito da associação 'é questionar os poderes constituídos para que o Direito e a justiça sofram mais de perto a influência de espiritualizar'. 'O objetivo geral é a espiritualização e a humanização do Direito e da justiça', diz.

Para o juiz de Direito **Jaime Martins Filho**, a escolha de sua profissão não foi uma casualidade e, por isso, exerce-a como uma missão de vida. 'Não acredito em acaso, mas numa ordem que rege o universo, acredito em leis universais.' E ele explica: 'a finalidade religiosa da associação'.

'Dentro da liberdade de religião, estão os juízes aplicando princípios religiosos no seu dia a dia. Temos um foco, que é a magistratura, procurando trabalhar esses valores espirituais que estão relacionados com a própria religião dentro da magistratura', diz Martins Filho."

JURISTAS VEEM "DETURPAÇÃO" DO ESTADO DEMOCRÁTICO DE DIREITO – FOLHA DE S.PAULO[54]

Juristas e teóricos do Direito consultados pela *Folha* dizem ver uma "deturpação" do Estado democrático de Direito na medida

54. Disponível em: <http://www1.folha.uol.com.br/folha/cotidiano/ult95u403209.shtml>. Acesso em: 9/9/2008.

em que decisões judiciais são fundamentadas ou contaminadas por valores ou critérios religiosos.

Para **Dalmo de Abreu Dallari**, professor aposentado da Faculdade de Direito da USP, e autor dos livros *O poder dos juízes* e *O futuro do Estado*, "o uso de psicografia é claramente ilegal". "Não há o reconhecimento disso no sistema jurídico brasileiro. Se isso for a prova, o julgamento é nulo. Não pode", diz.

Um dos maiores teóricos do Direito brasileiro, **Marcelo Neves**, professor de Teoria do Estado da USP e de Teoria do Direito, do doutorado da PUC, diz haver uma "descaracterização dos princípios do Estado constitucional moderno" na aplicação de valores espíritas no dia a dia do Poder Judiciário.

"Não podem se definir posições sobre casos jurídicos a partir de uma percepção religiosa do mundo. A partir do momento que esses magistrados não conseguem se desvincular é um problema gravíssimo para o Estado de Direito, que parte do princípio de ser um Estado laico e que posições religiosas diversas não podem ser determinantes no processo de decisão jurisdicional", afirma Marcelo Neves.

CIDADANIA

Para Dallari, a associação de juízes espíritas é "exercício de cidadania". "Os juízes têm plena liberdade religiosa como todos os demais cidadãos, como têm o direito de associação." Mas, segundo o jurista, "se isso interferir no desempenho da função jurisdicional, aí sim se torna ilegal e ofende a laicidade". "Nunca tive notícia de juízes espíritas."

Segundo Neves, o uso de psicografia nos tribunais "é um perigo" e só tem significado nos campos religioso e pessoal. "Isso não pode passar para o plano jurídico porque realmente é uma interferência destrutiva da consistência do Estado Democrático de Direito." "Não existe amparo legal na utilização do sobrenatural", completa Dallari.

"Escorar uma decisão com base numa prova psicografada não tem ressonância no mundo jurídico. É indevida uma decisão que se embasa na psicografia, que cientificamente não é comprovada", diz **Walter Nunes da Silva Júnior**, presidente da Ajufe (Associação dos Juízes Federais do Brasil).

Livros como *A filosofia penal dos espíritas* e *A psicografia ante os tribunais*[55] já foram lançados no meio jurídico-espírita.

IVES GANDRA: LEI NÃO ADMITE PSICOGRAFIA COMO PROVA[56]

"O que o senhor acha do uso de cartas psicografadas como provas em tribunal?

'Não creio que os juízes possam vir a adotar qualquer tipo de prova que não seja aquela admitida em julgamentos. A psicografia não está na lei, se estivesse até poderia, mas como não está na lei, não pode. Existe uma associação dos juízes pela democracia, mas nenhum juiz pode ser contra a democracia. Essa ONG não influencia em nada, pois cada juiz atua de acordo com a sua convicção e em cima da lei. Então, não vejo mal na criação da ONG, pois estou

55. A psicografia ante os tribunais retrata o caso Humberto de Campos.

56. Daniel Milazzo e Diego Salmen. Disponível em: <http://terramagazine.terra.com.br/interna/0,,OI2896607-EI6578,00.html>. Acesso em: 20/9/2008.

seguramente convencido de que ela poderá existir, mas não poderá ter influência, a não ser com ideias. Não pode mudar nada do que está na lei e admitir provas de transmissão de espíritos'.

Mas alguns julgamentos já usaram isso como prova.

'Essa carta não pode ser aceita, pois não é prova. Se a lei admitisse, eu podia não concordar, mas teria que aceitar. Mas quando a lei não admite esse tipo de prova, é evidente que isso, quando analisado pelos tribunais superiores, deve ser reformulado. Eles têm todo o direito de defender valores religiosos. Eu acho que está faltando Deus no mundo atual. Agora, não pode fazer mais do que difundir ideias. Cada juiz é orientado desde o seu concurso a não sofrer qualquer tipo de pressão'."

Para a **Associação Jurídico-Espírita do Estado de São Paulo**, o sistema jurídico atual não veda o documento oriundo da psicografia.

"A comissão provisória coordenadora da Associação Jurídico-Espírita do Estado de São Paulo (AJE/SP), em razão de matéria veiculada na *Folha de S.Paulo* (19/5/2008), esclarece que a Doutrina Espírita aceita o fenômeno mediúnico como fato natural, evidenciado por inúmeros acontecimentos e obras literárias de domínio público, além do consubstanciado por Allan Kardec na obra *O Livro dos Médiuns.*

Quanto ao uso da psicografia como meio de prova, cumpre registrar que o atual sistema jurídico brasileiro não veda o uso de documentos produzidos por psicografias porque faz referência a qualquer documento, em sentido amplo, imperando o livre convencimento do juiz, na aceitação da prova."

O jurista **Pedro Paulo Filho**,[57] compreendendo a extensão do assunto enfocado e sua importância, assim se posiciona:

"Com surpresa lemos na imprensa paulista que na reforma do Código do Processo Penal, que tramita em Brasília, na Câmara Federal, agora em 2008, uma das alterações consiste em proibir expressamente o uso de cartas psicografadas como prova criminal. A questão divide os juristas. Alguns acham que a psicografia pode ser levada em juízo quando ela está em harmonia com as demais provas; outros entendem o contrário, considerando que as mensagens psicografadas confundem a segurança e as razões jurídicas com a crença religiosa. Modestamente, achamos que estão confundindo alhos com bugalhos, porque o Espiritismo não é uma religião, mas sim uma doutrina de cunho filosófico-religioso de aperfeiçoamento moral do homem por meio de ensinamentos transmitidos por espíritos mais aprimorados de pessoas mortas que se comunicam com os vivos, através de médiuns.

Como católico apostólico romano, achamos que a proibição constitui um preconceito à Doutrina Espírita e aos adeptos do Espiritismo. Se assim for, por que então manter nas salas de julgamento dos fóruns e tribunais a imagem de Jesus Cristo crucificado, se o Poder Judiciário não tem nada a ver com a Religião?".

---

57. Pedro Paulo Filho. *Estórias e lendas do povo de Campos do Jordão*. São Paulo: O Recado, 1988.

*

Para o doutor **Paulo Oliver**, Presidente da Comissão de Propriedade Imaterial da OAB/SP e Especialista em Direito do Autor pela USP e Direito Penal pela PUC:

"O tribunal não deve buscar declarar, por sentença, a sobrevivência ou não de um espírito.

Torna-se difícil, um tribunal de homens, em gozo da carne, julgar atos e fatos espirituais e a sua comunicação entre os vivos e com os vivos, já que os magistrados professam vários credos e seria impossível termos um Conselho de Magistrados em realização ecumênica.

Em um tribunal, sempre existirão filósofos, cientistas, pesquisadores, ateus e religiosos. Como tais pessoas poderão julgar e dirimir contendas dessa natureza?

Tenho certeza de que o padre Antonio Vieira, o Apóstolo São Paulo, entre outros, não teria condições de absorver a intenção das demandas espirituais, algo que permanecerá no tribunal da consciência de um homem só, esse tribunal não é coletivo".

16. Considerações médicas espírito/mente/corpo

EMBORA as provas da continuidade da vida sejam ilimitadas, e para os espíritas nunca houve dúvida nesse sentido, não será demais abordar alguns aspectos relacionados com o corpo e a mente, bem como o elo que promove a interação desse conjunto com essa força governante da natureza e tudo o que nela há.

Uma das sugestões propostas pelo doutor **NUBOR ORLANDO FACURE**,[58] dada sua condição de especialista em problemas do cérebro, a que se refere em seu trabalho "O corpo mental como expressão clínica da mente – uma hipótese alternativa para o estudo da mente", é a condução de um estudo-pesquisa direcionado para o lado ignorado dos materialistas.

---

58. Ex-professor titular de Neurocirurgia da Unicamp, diretor do Instituto do Cérebro Prof. Dr. Nubor Orlando Facure (Campinas-SP).
Nubor Orlando Facure – Rua Padre Vieira 1093 – Campinas- SP. Cep: 13015-301
E-mail: lfacure@uol.com.br. *Site*: www.geocities.com/nubor_facure/

O ceticismo torna-se uma barreira intransponível quando não se aceita o "desconhecido"; quando a explicação lógica dos fatos não encontra abrigo no conhecimento, dentro das limitações naturais encontradas.

Como pesquisador, o doutor Nubor manifesta-se favoravelmente à existência de outra fonte, invisível para os humanos, ou seja, com ligações a planos que fogem ao controle temporal, mas estão sempre presentes e promovendo interações e interferências justificáveis e compreensíveis, em havendo aceitação.

Com essa sutil denominação, "corpo mental", serão expostas algumas reações já conhecidas e até familiares a muita gente.

Como este trabalho trata da psicografia, e, por conseguinte, fala da vida de ambos os lados, entende-se que elucidações sobre o cérebro, essa massa ainda pouco conhecida do homem, faz-se oportuna para auxiliar na compreensão desse computador poderosíssimo e inigualável. A pesquisa evidencia a presença de conhecimentos já registrados anteriormente no cérebro, cujas informações não se perdem por ocasião da 'morte'. Só por isso não haveria como dispensar o que muitos ainda relutam em aceitar: não se tem somente uma vida existencial. O elo faltante para a composição desse entendimento está exatamente na presença do espírito, que, como já foi dito, é eviterno – teve princípio mas que nunca terá fim.

O doutor Nubor, pesquisador e responsável pelos estudos realizados no Instituto do Cérebro que leva seu nome, em Campinas, tece comentários a respeito do assunto e faz suas observações.

É certo que aqui a psicografia e a mediunidade não são abordadas de forma direta. É mostrada a dependência entre os mundos físico e espiritual e a interferência deste nos processos que se tem conhecimento e sempre por meio das várias formas de avaliação que os objetos pesquisados oferecem.

O autor fala de um corpo invisível, independente e identificado neste estudo como 'corpo mental', como hipótese alternativa para a abordagem da mente, qual seja, a estrutura espiritual onde estão armazenadas todas as nossas informações.

SOBRE A MENTE E SUAS MANIFESTAÇÕES – O 'CORPO MENTAL' COMO EXPRESSÃO CLÍNICA DA MENTE

Na atualidade, a mente é vista como um conjunto particular de funções desempenhadas pelo cérebro. Esse modelo parece não dar à mente uma noção compatível com o organismo como um todo.

Usando como método a semiologia neurológica (que são formas de avaliação), procura-se demonstrar a existência de um "corpo mental" que se revela em diversas situações clínicas como na histeria, na hipnose, na narcolepsia (sono súbito e incontrolável), no membro fantasma e nas chamadas experiências fora do corpo.

Essa forma de estudar a mente sob a perspectiva de um corpo que se identifica semiologicamente, pode abrir um vasto campo de experimentação e de interpretação de fenômenos tanto psicológicos como neurológicos.

*

TERMOS DE INDEXAÇÃO:
MENTE, CORPO MENTAL, HISTERIA, HIPNOSE, NARCOLEPSIA, MEMBRO FANTASMA, EXPERIÊNCIAS FORA DO CORPO

Na introdução desse estudo, do qual extraímos o parágrafo final, afirma o doutor Nubor: "As diversas teorias da mente disponíveis na atualidade não conseguem, entretanto, passar de hipóteses com boa estruturação teórica, sem que possam dar conta de toda uma série de fenômenos conhecidos que a atividade mental expressa. Nenhuma teoria conseguiu até agora efetuar predições específicas sobre os fenômenos mentais e muito menos nos garantiu a possibilidade de testá-la na clínica ou no laboratório".

E como existem variadas maneiras de examinar um doente, quer sejam por meio de sinais, de sintomas, de onde serão extraídos os ensinamentos nas áreas humanas oferecendo uma teoria geral, o pesquisador doutor Nubor Facure, por intermédio dos modelos semiológicos, que vêm a ser as variadas formas de chegar a resultados que conduzem ou se aproximam do esclarecimento, fala dos casos de histeria, hipnose, narcolepsia e membro fantasma.

Vamos trazer ao conhecimento alguns detalhes sobre esses temas ligados com a vida da humanidade e com franca ligação com o plano que se insiste em desconhecer:

Histeria: "Pacientes histéricos que apresentam distúrbios sensitivos ou motores revelam um padrão semiológico típico, notando-se, antes de mais nada, que eles não obedecem às distribuições adequadas às diversas vias de inervação do sistema nervoso". Prosseguindo, diz ainda: "Por outro lado, nas lesões orgânicas do cérebro, o mapa das anestesias revela distribuições muito conhecidas dos neurologistas, que aprenderam a constatar os níveis de anestesia metaméricos (...)". Portanto, para estes casos, há de se considerar o quadro do agente, pois que "o paciente histérico faz um padrão de anestesia diferente, comprometendo, às vezes, todo o seu corpo [...] Essa atitude é conhecida na história da histeria e, sem dúvida, é universal, como se pode ler num dos tratados clássicos da neurologia, o '*Sémiologie des affections du système nerveux*', de J. Dejerine (1914).[59] Na avaliação semiológica do histérico podemos identificar como ele expressa seu corpo mental".

Hipnose: "Na experiência comum do transe hipnótico sabemos que ao despertar, o hipnotizado não retém as lembranças do que ele ouviu ou desempenhou durante o transe. Uma segunda indução feita logo a seguir o faz resgatar essas memórias retornando à cena do primeiro transe, sem se dar conta agora do que ouviu ou fez no intervalo entre os dois transes. Essa experiência parece nos revelar dois arquivos distintos de memorização. Eu diria que um deles se localiza no cérebro físico, quando ele está desperto, e outro no corpo mental quando ele está em transe. Essa situação pode ser comparada ao que fazemos no computador: um arquivo que criamos para determinado texto não abre o texto de outro.

---

59. *Sémiologie des affections du Système nerveux* de J. Dejerine. 12 ed. Paris: Masson et Cie Éditeurs, 1914, p. 540 a 549 e 927.
O sítio da mente: pensamento, emoção e vontade no cérebro humano. H. S. Del Nero. São Paulo: Collegium Cognitio, 1977. p. 193.

Para que isso aconteça, é preciso copiar e colar um no outro para se proceder a essa leitura. No caso da hipnose, podemos usar a sugestão hipnótica para transferirmos as memórias de um ambiente para outro, o que se consegue com certa facilidade.

Seguindo essa linha de raciocínio, o estudo diz que: "podemos perceber que 'o corpo' construído pelo histérico e pelo hipnotizado tem origem nos seus 'modelos mentais' e não obedece à sistematização das vias neurais."

Observação: tanto nos casos de histeria como nos de hipnose, o "modelo mental" está presente, excluindo qualquer possibilidade contrária, desvinculando-se, portanto, dos procedimentos normais em execução para os demais casos, visto que ambos não obedecem à sistematização das vias neurais, significando, então, que os registros sensoriais não são alcançados pelos recursos médicos normais, justamente pela proteção oferecida pelo respectivo "corpo mental" criado, etéreo e invisível.

Narcolepsia: "A narcolepsia é um distúrbio do sono no qual o paciente entra subitamente em um estado de sonolência que ele não consegue controlar. Os episódios se repetem com frequência incômoda perturbando as atividades diárias do paciente. A duração dos episódios costuma ser variada, podendo ser de alguns minutos ou horas. Ao despertar, esses pacientes fazem relatos curiosos. Podem permanecer aparentemente lúcidos durante a sonolência realizando nesse período atividades complexas. Sentem sua saída do corpo físico e convivem com cenários e personagens diversos. Alguns relatam uma experiência atemporal, podem ser testemunhas de episódios passados ou que venham a se confirmar no futuro. De qualquer forma, eles parecem ser possuidores de um corpo com o qual vivenciam suas experiências. Os clássicos da neurologia rotulam esses quadros de alucinações hipnagógicas. Aqui estariam também incluídos os chamados sonhos lúcidos que indivíduos normais relatam. Parece-nos, porém, que na narcolepsia a experiência é mais 'consciente' e menos simbólica do que as vivências oníricas de todos nós. Não é difícil para esses pacientes descreverem as características físicas e funcionais desse corpo mental que lhes permite transitar pelos seus 'sonhos'."

Membro fantasma: Muito comuns são os casos de amputações pelas mais diversas razões, que acabam deixando a sensação de continuidade do membro ou órgão retirado.

"Amputações quase sempre ocorridas em acidentes violentos podem produzir no paciente a percepção da continuidade da existência do seu membro amputado (...)".[60] Melzack[61] acredita na existência, no cérebro, de uma imagem do corpo inteiro numa matriz neural. Ela seria composta por uma rede de interconexões neurais, organizada geneticamente e a partir de estímulos sensoriais, criando um padrão de identificação do que Melzack[62] chama de "neuroassinatura". Mesmo crianças

60. T. S. Jensen; P. Rasmussen. *Amputation*. In: Textbook of pain, Patrick D. Wall, Ronald Melzack. Londres: Churchill Livingstone, 1984. p. 402-412.

61. *Phantom limbs in people with congenital limb deficiency or amputation in early childhood.* R. Melzack; R. Israel; R. Lacroix; G. Schultz. *Brain* 1997; 120 (9) 1603-1620 e R. Melzack. *Phantom limbs.* Sci Am April 1992; 266: 120-126.

62. Op. cit.

que nascem sem membros podem revelar a existência dessa matriz corporal.[63] Em que pesem as hipóteses neurofisiológicas que tentam justificar os sintomas do membro fantasma, sua manifestação clínica pode complementar os exemplos de corpo mental que queremos estudar. O membro fantasma dá ao paciente toda a sensação de um membro real (*sentiment du realité concrète, segundo Lhermitte*),[64] no qual ele sente dor, cócegas, movimentos espontâneos e reações de evitamento como bater em um móvel. Considerando esse membro como parte do corpo mental, veremos que a consciência do paciente não exerce controle sobre suas funções, quer motoras ou sensitivas. Podemos dizer que essa falta de controle é pertinente aos quadros de histeria e hipnose que anotamos.

Uma série de outros fenômenos clínicos parece sugerir a existência dessa representação corporificada da mente que estamos analisando. A construção da imagem corporal e as síndromes de negligência são bons exemplos. A literatura leiga e neuropsiquiátrica produziu de uns tempos para cá uma enormidade de textos referindo-se a experiências fora do corpo e experiências de quase morte. Nós, neurologistas, encontramos com frequência, entre as manifestações psíquicas dos epilépticos, a chamada 'noção de uma presença', em que uma 'entidade' parece acompanhar como testemunha o desenrolar da crise epiléptica."

*

63. Idem, p. 1603-1630

64. Op. cit.

COMENTÁRIO

"Não temos dúvida de que o dilema cérebro/mente é inesgotável, contraditório e às vezes irreconciliável. Ao propor discutir o tema em termos de corpo mental, sabemos da dificuldade de se introduzir uma ideia nova num contexto de tamanha complexidade. Lembramos, porém, de uma afirmação do evolucionista Stephen Jay Gould[65] que propôs a evolução pontual das espécies. Novos fatos, coletados à moda antiga, sob a tutela de velhas teorias, raramente levam a qualquer revisão substancial do pensamento. Os fatos não 'falam por si só'; são lidos à luz da teoria. O pensamento criativo, tanto na ciência quanto nas artes, é o motor para a mudança de opinião'.

A discussão da mente parece se esgotar entre a Filosofia e a Ciência sem chegar a um fim. O 'corpo mental' parece-me que tem o mérito de especificar um objeto de estudo mais adequado em razão de seu comportamento clínico e experimental.

Esperamos que estudos subsequentes possam comprovar a validade da nossa proposta. Ainda precisamos aprofundar as características semiológicas sobre o 'corpo mental' e identificarmos suas características anatômicas e funcionais fundamentais, já que ele pode ser avaliado clinicamente na histeria, testado experimentalmente na hipnose, reconhecido no membro fantasma, confirmado na narcolepsia e nas experiências fora do corpo conforme exemplificamos."

*

65. S. J. Gould. *Darwin e os grandes enigmas da vida.* Trad. Maria Elizabeth Martinez. 2. ed. São Paulo: Martins Fontes, 1999. p. 158.

Em seu trabalho *A conquista do corpo e da mente*, o professor e doutor Nubor Facure expõe com amplitude o conhecimento médico-científico ao analisar a mente humana e sua inevitável interação com o plano invisível, com ampla ascendência sobre os órgãos e mecanismos físicos.

Aqui não serão descritos a caminhada paulatina das descobertas e seus autores, nem os pontos de vista de cada pesquisador no trabalho elaborado pelo renomado professor.

O tema será abordado de forma muito superficial e singela, a iniciar-se pela "Anatomia do corpo".

ANATOMIA DO CORPO

"O conhecimento sistematizado do corpo humano só foi possível após o fim da Idade Média com o rompimento de amarras dogmáticas dentro da própria medicina e com as contribuições filosóficas revolucionárias como as de René Descartes (1596-1650), que separou o corpo da alma e libertou a Ciência da interferência eclesiástica. Até então, prevalecia o conhecimento empírico organizado principalmente por Cláudio Galeno (130-201 d.C.) e, no decurso de mais de um milênio, qualquer tentativa de manipular e estudar o corpo humano cadaverizado era tida como um sacrilégio.

As experiências e as descrições anatômicas de Galeno foram publicadas a partir de estudos em animais e prevaleceram como verdades dogmáticas até o fim da Idade Média, no século 16.

Em contraposição aos 'empíricos' que estudavam apenas os sintomas e a evolução das doenças, Galeno e os 'racionalistas' realizavam experiências e estimulavam o estudo das peças anatômicas. Galeno descreveu a teoria das forças vitais de atração e de repulsão para explicar o funcionamento dos órgãos e o aparecimento das doenças. Essas mesmas forças promoveriam o fluxo sanguíneo e, no cérebro, por meio de um amontoado de artérias denominadas 'rede mirábiles' o 'pneuma vital' seria transformado em 'pneuma animal'. O conceito de 'fluxo' e de 'vitalismo' persistiu por muitos séculos, e o próprio René Descartes imaginava a alma transitando no cérebro pela 'rede admirável' até atingir a glândula pineal."

Sobre o estudo da glândula pineal, extraímos este pequeno tópico: "Essa glândula situada no meio do cérebro já é conhecida há mais de 2 mil anos e, mesmo assim o que sabemos sobre ela é tão pouco que, nos tratados clássicos da neurologia, ela ainda não despertou interesse para merecer mais que citações curtas de algumas linhas sobre o hormônio que ela secreta – a melatonina.

A melatonina tem sido utilizada como tranquilizante produzindo relaxamento e sonolência. Foi experimentada também no tratamento de dores de cabeça e de epilepsia, mas em todos esses quadros o efeito da melatonina é muito pobre.

O Espírito André Luiz, por intermédio da mediunidade de Francisco Cândido Xavier, trouxe-nos informações inéditas e surpreendentes sobre o papel da pineal quando observada a partir do plano espiritual.

Sensível às irradiações eletromagnéticas, nossa pineal é sintonizadora dos fenômenos de comunicação mental, mantendo-nos em permanente ligação com todos aqueles que compartilham conosco a mesma faixa de vibração.

Nos processos mediúnicos, a aproximação espiritual se vale da pineal para difundir sua mensagem até as diversas áreas cerebrais que ressoam sua transmissão".

A CORRENTE SANGUÍNEA E A ENERGIA VITAL

"É muito fácil de se aceitar a ideia de que nossa vida está intimamente ligada ao coração. Aristóteles afirmava que a alma aí se localiza porque qualquer ferimento nele leva imediatamente à morte.

Nos dias de hoje, alunos do primário já aprendem que os batimentos do coração impulsionam o sangue pelas artérias, que depois se difunde pelos capilares e retorna pelas veias. Nesse retorno, o sangue passa pelos pulmões, de onde retira o oxigênio que a respiração fornece. Temos cerca de seis litros de sangue circulando pelo nosso corpo e mais ou menos 20% dele vai para o cérebro. Enquanto entra pelas artérias e sai pelas veias, o sangue circula dentro do cérebro em exatos seis segundos.

Assim que ocorre a morte, as artérias do cadáver estão vazias, já que a última batida impulsiona todo sangue para as veias. Essa observação levou Galeno a sugerir que as artérias estariam sempre cheias de ar. Ele propunha, também, que circula junto com o sangue um elemento imaterial que denominou "pneuma vital". Esse fluido nasce no coração, distribui-se pelo corpo e, se transforma no pneuma animal ao atingir o cérebro, nos permitindo perceber o mundo pelos sentidos e a reagir com os nossos movimentos aos seus estímulos. A ideia de um 'espírito animal' produzindo nossos reflexos foi também adotada por René Descartes e por Thomas Willians, tendo aceitação médica por muitos séculos. Para Willians, os corpúsculos do 'espírito animal', percorreriam os nervos para pôr em ação os nossos movimentos.

Nos dias de hoje, sabemos da importância da circulação sanguínea distribuindo por todo o organismo não só o oxigênio que nos sustenta a vida mas um número insuspeitável de substâncias ligadas à manutenção do metabolismo celular e de todo o sistema imunológico.

O Espírito André Luiz nos traz conhecimentos novos nessa área também. Diz que, junto com a circulação sanguínea, circula o 'princípio vital' indispensável à sustentação da vida. Ensina Kardec que é o princípio vital que dá vida à matéria orgânica. Cada um de nós o tem disponível enquanto encarnados, consumindo nossa cota com o decorrer dos anos. Ele procede do 'fluido cósmico universal' que nos abastece conforme nossas atitudes nos compromissos da vida. A meditação, a prece e o impulso que nos predispõe a amar ao próximo fornecem a substância e a renovação do princípio vital. Ele nos penetra pela respiração, o que nos faz lembrar um dos mais belos versos da *Bíblia* – "E Deus fez o Homem do barro da Terra e soprou em suas narinas o sopro da vida".

Anaxágoras considerava que o ar era a substância primitiva de onde procede tudo o que existe. A relação do ar com a vida sempre foi aceita em muitas culturas. Nos livros de Galeno, as expressões "espíritos" e "pneumas" (ar) são equivalentes.

Aprendemos com o Espírito André Luiz que o princípio vital é absorvido pela respiração e percorre todo o organismo acompanhando a circulação do sangue."

RESPIRAÇÃO RESTAURADORA

"O ar, como fonte insubstituível de vida, é percepção do senso comum a qualquer de nós. O ato de respirar está intimamente ligado à nossa sobrevivência. Anaxágoras atribuía ao ar a origem de tudo. A *Bíblia* registra que recebemos a vida a partir do sopro de Deus. Nos textos de Galeno, como já notamos, as expressões "espírito" e "pneuma" (ar) eram equivalentes. Para ele o pneuma vital era absorvido pelos pulmões e circulava do coração até o cérebro para nos manter vivos. Na cultura oriental, os exercícios respiratórios têm indicação mais importante que a atividade muscular.

Um dos fundamentos da Doutrina Espírita é de que a vida decorre da presença do princípio vital que vivifica a matéria orgânica dando-lhe a propriedades de reagir.

A atividade constante dos nossos órgãos se faz à custa desse princípio vital, e seu esgotamento leva o corpo à morte. Por outro lado, nossa atividade mental nos permite absorver da espiritualidade os fluidos que agregam elementos para a sustentação do princípio vital. Mais atividade corresponde a mais vida, tanto do ponto de vista físico como espiritual.

André Luiz nos aponta em suas obras que a respiração é porta de entrada restauradora para a realimentação de nossas energias vitais."

*

O COMPORTAMENTO ANIMAL

"Não escapava aos antigos pensadores que os animais tinham reflexos, sensibilidade, movimento e emoções. Mesmo assim, Aristóteles negava aos animais a existência da alma e René Descartes os via como destituídos de qualquer raciocínio. Eles agiriam pela disposição dos seus órgãos.

Esse pensamento veio a mudar completamente quando, Darwin, nos alinhou na 'árvore da vida'. Na 'origem das espécies' compomos uma mesma descendência com todos os seres vivos, percebendo-se, assim, que tudo o que nós somos tem início e fim no que já fomos.

Nas últimas décadas, o estudo do comportamento animal no seu próprio ambiente revelou traços característicos daquilo que presunçosamente imaginávamos ser privilégio do comportamento humano. Altruísmo, organização social, prazer ou desprazer, capacidade para mentir, disfarçar ou brincar são vistos em animais tão diferentes como pássaros, guaxinins ou macacos.

Comportamentos complexos, também, são compartilhados por variadas espécies: monogamia, infidelidade, formação de tribos, recrutamento de apoio social e assassinatos premeditados. Mas, é justamente o inverso que merece mais destaque neste artigo – o que os animais revelam como instinto de sobrevivência, agressividade, ataques de fúria, fobias, caprichos da personalidade, o abraço, as expressões de nojo, as disputas de território – é, também, traço comum a qualquer ser humano, registrando em nós, uma indiscutível identidade animal."

*

PARADIGMA ESPÍRITA
CONCLUSÃO DO DR. NUBOR FACURE

"No contexto da abordagem que fizemos sobre o corpo e a mente, sobressai um processo contínuo de desenvolvimento do conhecimento em cada uma dessas áreas. Resta-nos saber se a Ciência oficial já percebe uma proposição predeterminada para justificar o papel do nosso corpo e o significado da nossa mente.

No paradigma espírita, compreendemos que somos seres espirituais, que nossa mente é a expressão dessa entidade fundamental que produz a energia imaterial criadora das nossas ideias.

O corpo é instrumento da nossa vontade, que nos permite viver a experiência física no mundo em que vivemos. Ambos, mente e corpo, estão submetidos às leis de progresso incessante para todos.

O corpo é perecível, enquanto, a mente, como expressão da nossa alma, sobrevive à morte e renova suas experiências na dimensão física e nos planos espirituais.

O pensamento é energia que expressa nossos desejos. Somos sensibilizados por estímulos externos que desencadeiam percepções cerebrais de vários matizes. As cores, os sons, os sabores ou os afetos geram em nós sensações que despertam desejos, criam ideias e organizam pensamentos que expressamos pela linguagem.

Essa experiência sensorial nos permitiu desenvolver reflexos, hábitos, instintos, automatismos, discernimento, raciocínio e, finalmente, a inteligência e a consciência de nós mesmo num processo evolutivo do ser unicelular ao homem com seus bilhões de neurônios. Por efeito das vibrações que emitimos ao pensar, estamos obrigatoriamente ligados, por sintonia mental, a todas as criaturas que no mundo inteiro pensam como nós.

O conteúdo de qualquer pensamento materializa ideias, em formas mentais, que nos acompanham como uma atmosfera psíquica. Somos os responsáveis diretos por este ambiente psíquico que criamos à custa de nossos desejos.

Somos livres para pensar e induzir os outros a pensarem como nós. Somos, porém, escravos das ideias que fixamos para nós mesmos e das sugestões que nos incomodam.

O nosso corpo material é constituído de células que se aglutinam sob o comando da mente que reflete sobre elas as vibrações das ideias que produz. Portanto, o nosso organismo, é reflexo da vida mental que elaboramos para nós mesmos.

Cada um de nós recebe para nascer e viver, de acordo com seus compromissos, uma cota de vitalidade por conta do 'princípio vital', fonte de energia divina que sustentará a vida orgânica dentro do prazo que nos for concedido viver.

A interação entre a mente e o corpo é processada por um corpo energético intermediário, o corpo espiritual, que 'processa' a energia do espírito no tom adequado para ser decodificada pela célula do corpo físico.

Todas as nossas atitudes implementam memórias no corpo espiritual, que, boas ou más, repercutirão no estruturar de novos corpos que vamos ocupar no futuro. Assim, as lesões congênitas são nossos reflexos ao permitir desvios graves de conduta como o suicídio, o aborto ou a violência com o próximo, repercutindo inexoravelmente em nós mesmos e exigindo mais tarde, resgate e regeneração.

As doenças do corpo ou da alma são processos de aprendizado e iluminação do espírito".

O ESPÍRITO COMO AGENTE DE TRANSFORMAÇÃO

A natureza humana: "Somos um amontoado de 300 trilhões de células formando tecidos e órgãos. Uma olhada nos hepatócitos do fígado, nas ilhotas do pâncreas, nos folículos do ovário, nos músculos do coração nos mostrará uma arquitetura variada de células que nos compõem. Entretanto, é no cérebro que identificaremos (nos neurônios) uma variedade muito maior de estilo que a natureza arquitetou. Temos aproximadamente 250 tipos diferentes de células em nosso organismo e mais de 200 delas são desenhos de neurônios.

Ao lado de macacos, gorilas e orangotangos, fazemos parte da classe dos primatas contando apenas com 450 genes diferentes do chimpanzé. Mesmo considerando que nossa capacidade intelectual é espantosamente superior à deles, o nosso comportamento foi construído de maneira incrivelmente parecida e os programas para processar o cérebro são compatíveis para os dois. A diferença é maior na quantidade e na qualidade, mas não nos fundamentos.

Na trajetória evolutiva entre o 'homem-macaco' e o homem atual, foram produzidas modificações relevantes, testemunhadas por inúmeros fragmentos fósseis: contando com um novo desenho da coluna vertebral, passamos a andar eretos;

alargando e empinando a bacia aprendemos a girar para trás apoiados nos pés; os ombros foram modelados permitindo-nos projetar uma pedra para cima; usando o polegar e opondo-lhe facilmente o indicador, aprendemos a construir uma pinça; a laringe se posicionou para emitirmos a fala articulada; as enzimas digestivas se multiplicaram para absorvermos outras variedades de alimentos. A transformação mais importante, porém, ocorreu no 'cérebro executivo' – nosso lobo frontal aumentou de tamanho quatro vezes expandindo recursos para planejarmos nosso futuro".

A pressão do ambiente: "Aqui também a crônica popular registra uma interpretação anedotária. Quando um filho se sai excepcionalmente bem em seus desafios, costumamos ouvir que 'puxou ao pai'. Quando é para o filho do vizinho que as notícias do bairro dão destaque pelo sucesso, os méritos são atribuídos aos 'colégios dispendiosos' que ele frequentou. No primeiro caso, a inteligência é herdada do pai; no segundo, a educação fez a diferença.

A agressividade, a criminalidade e o mau desempenho escolar costumam ser atribuídos ao ambiente familiar, ao tipo de criação, à desigualdade social. No entanto, experimentos e avaliações cuidadosas de gêmeos e filhos adotivos não confirmam, inteiramente, essa interpretação.

Gêmeos separados logo após o nascimento e criados, sem contato, em ambientes distantes, revelaram depois, aptidões e preferências incrivelmente semelhantes: o estilo de vida, a escolha da profissão, a ocorrência de divórcios, o número de filhos, a decoração da casa, a opção de lazer e pequenos trejeitos que um e outro manifestam involuntariamente.

A adoção de filhos procedentes de lares dissolutos, mesmo quando criados em famílias íntegras, tem mostrado de maneira significativa a dependência genética do comportamento antissocial".

Ideias inatas: "Alguns comportamentos humanos revelam uma aparente complexidade, como a expressão de nojo diante de um alimento malcheiroso. São, no entanto, instintivos e relacionados diretamente com a sobrevivência, nosso mecanismo de autodefesa mais eficiente. Historicamente, alguns filósofos insistiam em negar qualquer conhecimento inato ou instintivo no ser humano. Nascendo como uma folha em branco, todo comportamento precisava passar primeiro pelos sentidos para depois se sedimentarem na mente.

Por outro lado, Platão afirmava que todo conhecimento tinha uma existência prévia no 'mundo das ideias', e René Descartes apontava a crença na existência de Deus, as noções matemáticas, a ideia de perfeição como 'ideias inatas' partilhadas por todos os homens.

Empiricamente, qualquer um de nós que passou pela experiência de acompanhar o cotidiano do crescimento dos filhos tem múltiplas oportunidades de se surpreender com o desempenho deles na fala, na construção de frases, na criação de situações inesperadas, na escolha dos brinquedos, na interpretação de fatos novos e principalmente nas perguntas que fazem, revelando um comportamento que 'nasce pronto' ou uma escolha que 'ninguém ensinou'. Como sugere Steven Pinker, a criança herda o 'instinto da fala'. A mente estaria constituída por módulos multifuncionais que nos permitiria dispor dos mecanismos para processar e absorver as informações, como o vocabulário da linguagem materna. Na mesma linha de proposição, Noam Chomsky sugere que toda criança nasce com uma estrutura cerebral pronta para a aquisição das regras gramaticais, comuns e adequadas a toda as línguas.

Creio podermos adiantar que as 'ideias inatas' estão ligadas a módulos mentais, que são sensíveis ao aprendizado de determinado conteúdo – linguagem, fervor espiritual, altruísmo – e especializados em exigências do ambiente – sobrevivência, fobia, acasalamento, reprodução, entre outros."

NA DIMENSÃO ESPIRITUAL

"A Doutrina Espírita acrescenta a 'dimensão espiritual' na construção da natureza humana ressaltando a sua complexidade.

O corpo físico é vestimenta transitória que dá ao espírito instrumento para se manifestar no mundo em que vivemos.

Reencarnando em vidas sucessivas, temos oportunidade de renovar experiências, redimir faltas, reavaliar acertos e erros e projetarmos compromissos futuros.

Nada ocorre por acaso, Deus é Criador e Seus prepostos orientam nosso destino.

Estamos todos inseridos no projeto de progresso incessante que nos elevará ao nível de espíritos superiores.

O 'princípio inteligente' com o qual inauguramos a vida percorreu as diversas escalas evolutivas se empenhando na aquisição de reflexos, de instintos, de automatismo e de racionalidade até atingir a condição humana de que desfrutamos hoje.

A evolução da mente sugestionou e dirigiu as necessidades da evolução do corpo.

A Espiritualidade Superior introduziu as mudanças necessárias para o sucesso do projeto humano realizando intervenções nos dois planos da vida.

Nossos talentos ou aptidões para o bem ou para o mal são frutos do nosso próprio merecimento. A perseverança aprimora o artista, o estudo constrói o gênio, a serenidade modela o santo, persistir no vício estaciona, prejudicar o próximo escraviza pela falta cometida, fugir da lição adia a corrigenda.

Tanto a aparência que cada um de nós revela como o ambiente que a vida nos localiza são situações momentâneas adequadas às nossas necessidades. Um lavrador que se esgota na terra pode estar vivendo a lição da simplicidade e da paciência. Um político em evidência pode estar experimentando o compromisso do poder. Um líder religioso pode estar aprendendo a perseverança na fé. A família que nos acompanha com dedicação ou com dificuldades e exigências representa créditos ou proteção, contas a pagar ou correções a aceitar em nós mesmos.

Somos expressões parciais e acanhadas das múltiplas vivências que já experimentamos em outras existências. Talentos e deficiências estão frequentemente imersos na lei de esquecimento transitório que nos protege.

Na reencarnação, a misericórdia divina nos favorece a bênção do recomeço ignorando um passado de culpas.

Para a Doutrina Espírita, não cabe qualquer ideia de superioridade de raça, de gênero, de profissão ou de prestígio social. O que nos credencia é o bem que fizermos ao próximo e a transformação para melhor que acrescentarmos a nós mesmos.

Cada criança acumula o somatório das personalidades que desenvolveu no transcurso de milênios, e a inocência dos primeiros anos é a oportunidade de redirecionar comportamentos, transformar sentimentos e adquirir novos valores.

Pais e irmãos, profissão e casamento, fortunas e privilégios são empréstimos transitórios que exigirão prestação de contas. 'A vida nos dará o que buscarmos e nos cobrará o que recebermos'.

'A genética sinaliza, mas não realiza o que for do nosso compromisso'. Na verdade, 'somos herdeiros de nós mesmos', é nosso passado que nos representa no palco da vida. Nem genes nem sobrenomes serão passaportes para nos livrar de sentimentos de culpa, de tempo perdido ou de perdão que recusamos dar. Nossas dificuldades refletem nossas necessidades e com o esforço de hoje é que garantimos a recompensa de amanhã.

A Ciência ainda não se deu conta da 'dimensão espiritual' e o quanto ela interage em nossa vida. Aqueles que enterramos nas últimas despedidas do túmulo permanecem vivos e compartilham conosco uma intimidade de que não suspeitamos. Nossa fisiologia sensorial não tem sensibilidade para registrar sua presença, mas, nossa atividade mental irradia no mesmo espectro de sintonia. Compartilhamos com eles o mesmo universo de ondas mentais. Vivemos permanentemente como emissores e receptores, projetando e recebendo todos os pensamentos que vibram com os mesmos objetivos que os nossos. Parentes e amigos, inimigos e adversários, companheiros no bem e comparsas no crime se associam aos nossos propósitos. Suas vozes ressoam em nossos pensamentos, suas sugestões induzem nossas escolhas, sua proteção nos ajuda a superar as dificuldades e sua perturbação nos retém no desespero. Comungamos com os 'mortos' mais frequentemente do que com os 'vivos'. 'Vivemos com uma nuvem de testemunhas', no dizer de Paulo (Hebreus 12:12) e somos responsáveis por essa 'parceria consentida' que nos sustenta para o bem ou para a ignorância."[66]

66. In: <http:/www.nuborefacure.blogspot.com/> e <http://www.geocities.com/Nubor_Facure/tema3.html>.

17. A psicografia na área cível – mas em litígio

NÃO SÃO APENAS esses nove casos os registrados na área penal como prova nas ocorrências de crime envolvendo a psicografia – reconhecida como sendo ditada ou sugerida por espírito desencarnado – que se tem conhecimento e uma mensagem (v. "Um caso interessante", p. 131).

Também no campo Cível, onde são tratadas todas as demais ações não relacionadas ao crime, há incidência da presença da psicografia como documento de prova em seus processos.

1º CASO LITIGIOSO: RIO DE JANEIRO

O primeiro acontecimento do gênero no Brasil, e certamente no mundo, está relacionado com o poeta, cronista e crítico Humberto de Campos Veras, nascido em 1886, na cidade de Miritiba, no Estado do Maranhão, e que hoje leva seu nome.

Foi uma batalha que se travou entre os familiares herdeiros de Humberto de Campos de um lado, e, do outro, o médium Francisco Cândido Xavier e a Federação Espírita Brasileira, por ser a editora dos livros que suscitaram o litígio.

Membro da Academia Brasileira de Letras desde 1920, Humberto de Campos morava, então, no Rio de Janeiro, para onde se mudara por questões políticas.

Poucos meses depois de sua desencarnação ocorrida no Rio de Janeiro em 5 de dezembro de 1934, passou a comunicar-se com o médium Chico Xavier estabelecendo um contato que deu origem a vários livros psicografados, iniciando, já a partir de 1937, com o lançamento de *Crônicas de além-túmulo*,[67] sendo este o primeiro título recebido por via mediúnica, cuja autoria espiritual consagrou-se a Humberto de Campos.

A partir desse ano, seguiram-se outros livros, como *Brasil, Coração do Mundo e Pátria do Evangelho*,[68] em 1938; *Novas mensagens*,[69] em 1940; *Boa-nova*,[70] em 1941; e *Reportagens de além-túmulo*,[71] em 1943.

No ano seguinte, em 1944, a senhora Catharina Vergolino de Campos, esposa de Humberto de Campos, ajuizou ação na justiça com a intenção de obter uma declaração, por sentença, posicionando as obras literárias publicadas por meio da psicografia,

---

67. *Crônicas de além-túmulo*, Rio de Janeiro: FEB – Federação Espírita Brasileira, 1937.

68. *Brasil, Coração do Mundo e Pátria do Evangelho*, Rio de Janeiro: FEB – Federação Espírita Brasileira, 1938.

69. *Novas mensagens*, Rio de Janeiro: FEB – Federação Espírita Brasileira, 1940.

70. *Boa-nova*, Rio de Janeiro: FEB – Federação Espírita Brasileira, 1941.

71. *Reportagens de além-túmulo*, Rio de Janeiro: FEB – Federação Espírita Brasileira, 1943.

para saber se pertenciam ou não ao espírito de seu marido, pois, em caso afirmativo, pertencer-lhe-iam, por direito, os valores resultantes dos direitos autorais. Mas, em caso contrário, que fossem apreendidos os exemplares em circulação, bem como que se aplicassem as sanções previstas em lei, além da proibição do uso do nome de Humberto de Campos.

Este, portanto, é considerado como o primeiro caso em que uma psicografia foi parar num tribunal de justiça brasileiro, ocupando largo espaço nos meios de comunicação e oferecendo combustível para indagações e questionamentos jurídicos.

Por fim, coube ao jurista Miguel Timponi, auxiliado pelos colegas Nelson Martins Paixão e Francisco Nogueira, patrocinar a defesa, resultando no livro *A psicografia ante o tribunal*, editado pela FEB – Federação Espírita Brasileira, de onde foram transcritos alguns tópicos: "11. Todo homem, o que equivale dizer a dizer todo ser humano, é capaz de direitos e obrigações, na ordem civil (Cód. Civil, art. 2º). A personalidade civil do homem começa do nascimento com vida (Cód. Civil, art. 4º). A existência da pessoa natural termina com a morte (Cód. Civil, art. 10). O defensor considerou, ainda, que após o passamento do ente físico, 'o morto não é mais pessoa, não é nada'. E, dentre as considerações que tece a favor do caso, destacamos estas: "(...) logo, compreendendo a herança tão somente 'a transmissão do patrimônio de ALGUÉM, que deixa de existir' (*quod defunctus habuit*), forçosamente, nela não há de estar compreendido o que o espírito produz – *quod spiritus producit*'; '(...) logo, fatalmente (a fatalidade lógica é axiomática) os herdeiros nenhum direito podem invocar sobre a obra de pensamento do espírito, que deixou de ser ALGUÉM, na ordem civil'. Mais adiante, considera o patrono da ação: '14. Em face dessa conclusão, que é da própria lei, como se poderá falar de direitos autorais sobre obras que não integravam, porque não existiam, o patrimônio deixado aos seus herdeiros?"

A autora, dona Catarina Vergolino de Campos, foi julgada carecedora da ação proposta, por sentença de 23 de agosto de 1944, do doutor João Frederico Mourão Russell, juiz de Direito em exercício na 8ª Vara Cível do antigo Distrito Federal. Tendo ela recorrido dessa sentença, o tribunal de apelação do antigo Distrito Federal manteve-a por seus jurídicos fundamentos, tendo sido relator o ministro Álvaro Moutinho Ribeiro da Costa.

Após esse lamentável episódio, que resultou em desgaste para os envolvidos, o Espírito Humberto de Campos retomou o envio de mensagens ao médium mineiro, mas não com o seu próprio nome. Foi a partir de 1945, sob o título '*Lázaro redivivo*' e identificando-se como '*Irmão X*', que o escritor Humberto de Campos se utilizou dos recursos mediúnicos de Chico Xavier, enviando-lhe, por meio da psicografia, mais oito obras além da citada. Sua última manifestação literária ocorreu em 1989, quando foi lançado '*Histórias e anotações*', pela Editora CEU.

2º CASO LITIGIOSO: RIO GRANDE DO SUL

Este episódio diferencia-se da ação cível impetrada contra a Federação Espírita Brasileira e Francisco Cândido Xavier, em razão da distinção do fatos.

Enquanto o processo anterior analisava se a obra lançada pela FEB, por meio da psicografia de Chico Xavier, pertenceria ou não à família do comunicante, o Espírito Humberto de Campos, neste outro processo, a obra, que já havia sido lançada por editora portuguesa, foi editada no Brasil e sem a permissão daquela, sendo alvo de contestação nos seguintes aspectos: com a fraude, a violação dos textos, a adulteração do conteúdo com substituição do título, caracterizando-se também o ato, de acordo com o advogado defensor, como estelionato.

Por intermédio do advogado paulista Paulo Oliver,[72] o Centro Lusitano de Unificação Cultura, sediado em Portugal, ajuizou ação criminal em Porto Alegre, em razão de sua obra intitulada *As novas escrituras*, recebida naquele país por via mediúnica, haver sido publicada no Brasil pela Editora Ponte para a Liberdade, do Rio Grande do Sul.

Como não havia autorização para a edição dessa obra, a empresa gaúcha publicou o conteúdo intitulando-o *A grande revelação*, alterando inclusive o texto original e promovendo as mudanças convenientes.

Como agravante, os originais do livro brasileiro eram entregues à editora pela senhora Silvina Rohde Diederichs, que alegava ser o material objeto de psicografia, como ficou comprovado durante os depoimentos.

Antes da queixa-crime, datada de 25 de janeiro de 1994, foi proposta a medida cautelar de busca e apreensão, quando ocorreram perícias nas obras, cujos títulos já foram comentados acima.

72. Paulo Oliver é advogado e presidente da Comissão de Propriedade Imaterial da OAB/SP e especialista em Direito do Autor, pela USP, e Direito Penal, pela PUC.

Na instrução do processo, a própria defesa dos réus, em alegações finais, concordou com o raciocínio desenvolvido pelo Ministério Público que assinalou que "a senhora Silvina, uma das denunciadas, afirmava com convicção" – depoimento de fls. 121, de 4 de outubro de 1995, que assinalou: "que costumava fazer, para a acusada Lourdes, os originais de trabalhos que dizia psicografar. Isso era uma verdade incontestável" (veja-se, como exemplo, a carta de fls. 133).

A Editora Ponte para a Liberdade publicou a obra que a senhora Silvina afirmava ter psicografado, mas que, ao final, ficou provado que era plágio.

Na verdade, com a observação do advogado da empresa da vítima, doutor Paulo Oliver, "aceitou-se o vínculo existente entre as rés Silvina e Lourdes, proprietária da editora brasileira, que não puderam fugir da realidade: respeitando os espíritos, o plágio existiu".

A senhora Silvina disse que "conhecia os demais denunciados, sendo todos seus auxiliares nos seus trabalhos literários psicografados; que não conhecia a obra literária *As grandes escrituras*, que realmente lançou a obra literária *A grande revelação*, sendo esse trabalho resultante de mensagens recebidas de seus grandes mestres da grande fraternidade branca – eram encaminhadas para Lourdes Maria de Oliveira, que por sua vez, passava para a Editora Ponte para a Liberdade (...)", confirmando-se aí o vínculo com interesse na referida publicação.

O processo teve andamento na 8ª Vara Criminal, mas Silvina veio a falecer, sendo extinta a punibilidade contra a sua pessoa e, embora a sentença e o tribunal de Justiça do

Rio Grande do Sul reconhecessem a existência do plágio, não ficou comprovado que ela recebia as mensagens por meio da psicografia. Pelo tempo que o processo se arrastou, não houve como obrigar a execução de qualquer decisão, ficando extinta a punibilidade dos envolvidos, pois tanto a senhora Silvina quanto Lourdes, proprietária da editora, faleceram no curso da ação penal.

Não restou provado que os direitos de edição eram da Editora Ponte para a Liberdade, ficando então proibida a publicação da obra plagiada.

Os direitos de edição permanecem exclusivamente com a editora portuguesa.

Na esfera cível, o processo de indenização correu perante a 2ª Vara Cível de Porto Alegre pelo Processo nº 00100301275, com a devida reparação dos danos e apreensão dos exemplares.

A posição da defesa sobre o trabalho psicográfico é clara no que se refere à identificação da modalidade do recebimento do texto ao afirmar as variadas formas para captar a transmissão dos sinais enviados de fonte que transcende o ambiente terreno.

"A transmissão das mensagens aqui contidas nunca implicou a perda – antes a dilatação – da consciência dos receptores humanos. Sempre que, nesta obra, se fala em psicografia, não se pretende aludir a qualquer tipo de escrita automática, mas sim a uma recepção consciente, no nível mental, que é imediatamente codificada em palavras.

Na linguagem humana, não é possível exprimir, com rigor e perfeição, muitos conceitos sublimes vindos dos planos superiores."

*

Finalmente, a opinião do advogado doutor Paulo Oliver, que representou os interesses da Empresa Centro Lusitano de Unificação Cultural, com sede em Lisboa – Portugal, é objetiva:

"Deixou evidente que o tribunal não é órfão de consulta, não é órfão de pesquisa, mas um órgão que busca moldar o direito à lei, dando um norte aos que clamam por justiça.

A comunicação dos mortos com os vivos só pode aparecer na pureza do propósito, na singeleza do espírito humano, para boa reflexão dos que creem por fé no seu Superior.

Portanto, isso é pessoal e intransferível na dignidade de cada ser pela sua própria consagração."

Observação: os depoimentos colhidos na esfera penal e cível ficaram apenas como fato isolado e em peça de contestação ao pedido inicial, sem prova de nexo causal com relação aos fatos apurados.

18. Repercussão do caso José Divino Nunes no exterior

CONSIDERANDO o ineditismo das modalidades de recursos apresentadas no tribunal, objetivando formalizar provas de defesa no curso dos processos criminais, ou, de qualquer forma, interferindo nos referidos processos, totalizando, até a data presente, nove casos espalhados no país, sendo um em Tocantins, dois em Goiás, um em Mato Grosso do Sul, dois em São Paulo, um no Paraná, um no Rio de Janeiro e um no Rio Grande do Sul, a imprensa dos Estados Unidos e da Europa reagiram com curiosidade a esse respeito, especialmente no episódio de Maurício Garcez Henrique e José Divino.

Nos jornais *National Enquirer*, dos Estados Unidos, o caso foi noticiado com a manchete "*Psychic message from the grave clears suspect of murder. A message from the espirit world helped acquit a youth of murder*" – "Mensagem do Além clareia suspeita de assassinato", e, no *Psychic News*, da Inglaterra, com a manchete "*Jugde frees man in murder trial after reading victim's message*" – "Juiz liberta homem em audiência de assassinato após ler mensagem da vítima".

A informação no jornal *National Enquirer*, publicada por Gary Richman, está transcrita de conformidade com o que segue:[73]

"Em um dos mais bizarros casos na história do Direito, um juiz no Brasil aceitou como prova uma mensagem escrita pelo espírito da vítima morta, o qual afirmou que a morte tinha sido um acidente.

O advogado de defesa submeteu a mensagem à Corte e ela ajudou a convencer o juiz Orimar de Bastos, de Goiânia, Brasil, que o acusado José Divino Nunes, 18 anos, não era culpado.

Em sua sentença, o juiz escreveu: 'Devemos dar credibilidade à mensagem espiritual apesar de não haver precedente nos círculos judiciais onde a própria vítima, após sua morte, vem depor e apresentar fatos [...] ao juiz.

Na mensagem, escrita pelo espírito por meio do médium Francisco Cândido Xavier, a vítima [...] livra o acusado da culpa'.

Nunes – que tinha sido acusado de assassinar seu amigo Maurício Garcez Henrique, então com 16 anos, em 1976 – esclareceu que os dois estavam brincando com uma arma quando Henrique a disparou acidentalmente.

Inacreditavelmente, foi considerado o 'testemunho' do jovem morto para ajudar Nunes a provar sua inocência.

73. Tradução de Antônio César Perri de Carvalho.

A mensagem veio na forma mecânica a Xavier, um dos mais famosos médiuns do Brasil.

Como noticiamos, em 22 de maio de 1979, Xavier, com 70 anos, apesar de sua precária formação cultural, tem publicados cerca de 160 livros os quais ele esclarece terem sido escritos pelo intercâmbio mediúnico com os espíritos de autores e poetas mortos.

'Em transe ele também escreve mensagens de parentes mortos' – diz a parapsicóloga Elsie Dubugras.[74]

Foi em um destes transes, em 27 de maio de 1978, um ano antes do julgamento, que a mensagem foi escrita por meio de Xavier, trazendo a assinatura 'Maurício Garcez Henrique'.

A semelhança de caligrafia entre a mensagem e os manuscritos de Maurício antes de sua morte provocaram profunda impressão no juiz Bastos, que declarou Nunes não culpado no último dia 16 de julho.

'A mensagem de Maurício não somente me esclareceu, mas também apoiou todo o testemunho da defesa', disse o juiz. 'A mensagem tinha de ser mencionada na sentença porque ela me ajudou na decisão'.

'É importante destacar que não sou espírita. Julguei Nunes inocente porque a morte não foi premeditada. A mensagem de Maurício esclarece que a morte foi um engano imprevisto. Não há o que condenar. A decisão foi fácil para mim'."

---

74. Elsie Dubugras (1904-2006). Reconhecida internacionalmente como especialista em parapsicologia, lançou vários livros, entre eles *O Mundo Paranormal*, *É você, Renoir* e *Luiz Antonio Gasparetto*, uma biografia do brasileiro que ficou conhecido por sua pintura mediúnica. Como artista plástica, expôs os desenhos em aquarelas e bico de pena nas publicações *São Paulo do Tempo da Garoa* e *Imagens do Litoral Paulista*. Durante 33 anos, foi editora especial da revista *Planeta*, que trata de temas como paranormalidade, ecologia, religião e ufologia, entre outros assuntos.

19. Estado e Igreja separados

CONSIDERANDO sempre a condição do Estado em relação à religiosidade de seu povo, quando não há dispositivo constitucional que o submeta, a independência soberana que se espera é o respeito integral às crenças, sem qualquer privilégio ou protecionismo, como bem se manifestou Rui Barbosa, quando Ministro da Fazenda e da Justiça (nessa pasta, interino), ao levantar seu clamor e fazendo-se ouvir, inspirando-se no direito e na fraternidade, demonstrando estar iluminado e intuído ao apresentar proposta ao Executivo (Primeiro Governo Republicano do Marechal Deodoro da Fonseca) que editou Decreto específico em 1890, separando de vez o Estado da Igreja.

As informações que se seguem dão conta do que se passa em termos de cristalização de conceitos que atravessam séculos.

*

JUIZ ITALIANO SE RECUSA A JULGAR EM SALA COM CRUCIFIXO[75]

"Brasília, 23/2/2008 – O tribunal da cidade de Áquila, na Itália, condenou o juiz Luigi Tosti a um ano de prisão. Motivo: ele suspendeu três audiências porque havia um crucifixo na sala do tribunal. Depois de cumprir a pena, ele ficará ainda um ano fora da magistratura. O advogado do juiz, Dario Visconti, disse que irá apelar da decisão. Ele afirmou que Tosti não prevaricou, pois julgou o processo depois da retirada do crucifixo. As informações são da agência Lusa.

Durante as audiências em 2006, Tosti, de 59 anos, afirmou que havia um conflito entre Estado e Igreja. O juiz determinou a suspensão da sessão para que o crucifixo fosse retirado. Para ele, só desse modo o caráter laico do Estado seria restaurado. "Não se pretende ofender os cristãos. Retirar o crucifixo significa eliminar um privilégio que permita que as salas dos tribunais se convertam em verdadeiros locais laicos e neutros", explicou o advogado.

Não é a primeira vez que Tosti sofre uma condenação por causa de suas ideias. Em fevereiro de 2006, a Suprema Corte dos Magistrados (uma espécie de Conselho Nacional de Justiça da Itália) fez o juiz mudar de cidade e cortou o seu salário por causa de seu 'comportamento culposo'. O juiz propôs, em 2004, a colocação de símbolos de sua religião, o Judaísmo, como a Menorá.[76] Ele mudou de ideia posteriormente.

---

75. In: <http://www.oab.org.br/noticia.asp?id=12663>.

76. Menorá: candelabro de sete braços, é um dos símbolos mais conhecidos do Judaísmo. (N.E.)

A colocação de crucifixos em escolas e tribunais foi determinada na década de 1920, durante o regime fascista de Benito Mussolini. Eles não são obrigatórios, mas já se tornaram hábito e tiveram sua presença ratificada pelo tribunal constitucional em 2004. Apesar de o Vaticano estar incrustado na Itália, o Catolicismo não é a religião oficial do país.

No Brasil, nenhum juiz chegou a ser preso por querer tirar os símbolos religiosos do tribunal. No entanto, o assunto já foi discutido no Conselho Nacional de Justiça. Em maio do ano passado, os conselheiros julgaram que o uso de símbolos religiosos em órgãos da Justiça não fere o princípio de laicidade do Estado.

O conselheiro Paulo Lobo, relator da questão, chegou a sugerir uma consulta pública, pela internet, pelo período de dois meses. No entanto, foi vencido pela maioria dos conselheiros. Oscar Argollo, que abriu divergência, argumentou que o uso de tais símbolos constitui um traço cultural da sociedade brasileira e que 'em nada agridem a liberdade da sociedade, ao contrário, só a afirmam'.

No Rio Grande do Sul, em outubro de 2005, os juízes estaduais decidiram, em um congresso, que os crucifixos poderiam continuar adornando as paredes das salas de audiências gaúchas. A decisão foi apertada: 25 votos pela manutenção e 24 contra.

Na ocasião, os juízes entenderam que a ostentação do crucifixo "está em consonância com a fé da grande maioria da população brasileira" e que "não há registro de usuário da Justiça que tenha acusado constrangimento em razão da presença do símbolo religioso em uma sala de audiência".

No Supremo Tribunal Federal, dois ministros já se manifestaram contra a manutenção do crucifixo localizado no plenário: Celso de Mello e Marco Aurélio. Embora respeitem a Igreja Católica, os ministros entendem que, desde que Igreja e Estado se separaram, não faz sentido projetar a ideia de que um tribunal que se pretende neutro em relação aos movimentos e manifestações sociais do país projete a noção de que se subordina a algum deles".

20. A fraternidade em ação

A ABRAME – Associação Brasileira de Magistrados Espíritas, fundada em 29 de outubro de 1999, foi o primeiro grupo a se formar no país no meio jurídico, com base sólida no ensinamento espírita. São 700 colunas de sustentação entre juízes, desembargadores e até mesmo ministros de tribunais superiores.

Mais recentemente, em 8 de março de 2008, foi fundada a Associação Jurídico-Espírita do Estado de São Paulo (ajesp.sp@gmail.com), com duzentos integrantes, a mais nova instituição voltada para os princípios espíritas e em cujo seio estão presente os procedimentos coerentes com o respeito e a fraternidade. Os Estados do Espírito Santo e Rio Grande do Sul também possuem suas respectivas associações integradas ao mesmo princípio.

Essas instituições, mais sensíveis às questões humanitárias, poderão contribuir, e muito, com a aplicação dos conceitos jurídicos em todos os casos trazidos à luz do racional entendimento espírita.

Epílogo – o Espírito, esse 'ser ou não ser' eviterno

AOS QUE CREEM na existência dos espíritos e, como consequência, na comunicação entre os dois mundos, o físico e o espiritual, que continuem nessa sublime certeza, convictos de que a vida que conhecemos, essa chama bendita, não se extingue com a morte do corpo.

Aos que não creem na existência dos espíritos e, como consequência, na continuidade da vida que se conhece, lamentamos o conceito da teoria da unicidade, que nada acrescenta ao progresso pessoal e à família, na criação de laços afetivos na forja da oficina terrena.

Obras e trabalhos consultados

CARNEIRO, Victor Ribas. **ABC do espiritismo**. Curitiba: FEP Federação Espírita do Paraná, 2000.

D'ESPÉRANCE, Elisabeth. **No país das sombras**. Rio de Janeiro: FEB Federação Espírita Brasileira, 1981.

GEEM – Grupo Editorial Emmanuel. **Comunicação nº. 179/Ano 41**. São Bernardo do Campo, Abril/Junho de 2008.

IDE – Instituto de Difusão Espírita. **Anuário espírita**. Araras, 1979, 1981, 1986, 1988 e 1999.

KARDEC, Allan. **O Livro dos Médiuns**. São Paulo: Petit Editora, 2004.

LAERTE, Agnelli. **Chico Xavier: recomendado para quem acredita em espíritos**. São Bernardo do Campo: Geem – Grupo Espírita Emmanuel Sociedade Civil Editora.

MIRANDA, Hermínio C. **Swedenborg – uma análise crítica**. Rio de Janeiro: CELD – Centro Espírita Léon Denis, 1991.

PALHANO JÚNIOR, Lamartine. **Mirabelli um médium extraordinário**. Rio de Janeiro: CELD – Centro Espírita Léon Denis, 1994.

SILVA, Luciano Napoleão da Costa e. **Nosso amigo Chico Xavier**. Itapira: ALF, 1977.

XAVIER, Francisco Cândido. **Emmanuel**. Rio de Janeiro: FEB – Federação Espírita Brasileira, 1999.

__________. **Nos domínios da mediunidade**. Rio de Janeiro: FEB – Federação Espírita Brasileira, 1999.

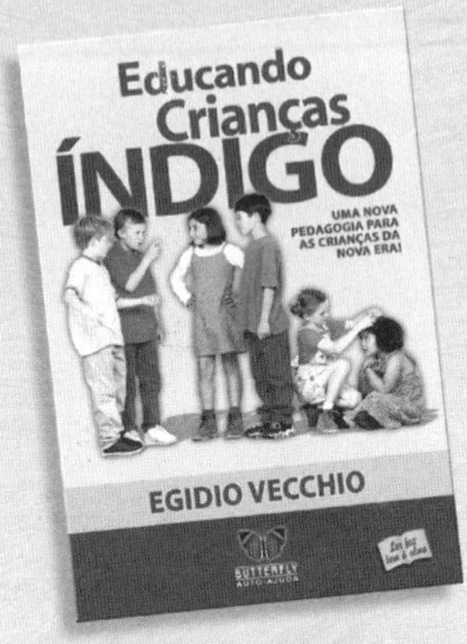

Egidio Vecchio

EDUCANDO CRIANÇAS ÍNDIGO

Quem são as crianças índigo que estão nascendo por toda parte e que tratam os adultos de igual para igual? Por que são tão questionadoras? Como educá-las para que cresçam saudáveis e integradas à família e à sociedade? Pais, educadores e profissionais da área da saúde precisam deste livro, único no seu gênero.

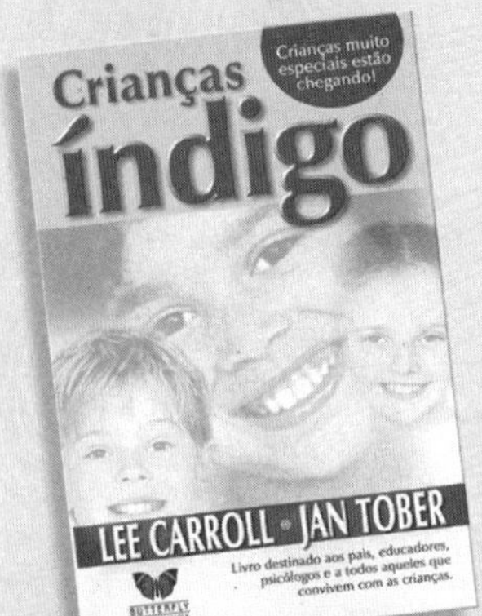

Lee Carroll & Jan Tober

CRIANÇAS ÍNDIGO

Preparadas na espiritualidade, são diferentes e estão nascendo em todos os continentes. Neste livro – traduzido para vários idiomas, *best-seller* nos Estados Unidos – pais, educadores e psicólogos encontram tudo o que precisam saber para entender e conviver com as crianças índigo – líderes de um mundo em transformação.

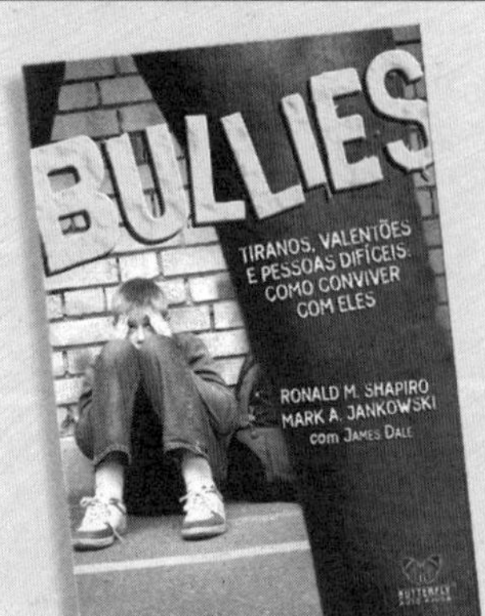

Ronald M. Shapiro e Mark A. Jankowski

BULLIES

Aprenda, neste livro, como conviver com os *bullies* e evitar que o prejudiquem. Saiba como neutralizar a ação dos tiranos que encontramos no local de trabalho, nas lojas, no trânsito, na escola, no restaurante, no clube e até mesmo entre nossos familiares...